博士文库

我国部分残疾人运动员参训过程及保障

Woguo Bufen Canjiren Yundongyuan
Canxun Guocheng ji Baozhang

陆　贝◎著

知识产权出版社
全国百佳图书出版单位

图书在版编目(CIP)数据

我国部分残疾人运动员参训过程及保障 / 陆贝著.—北京:知识产权出版社,2015.12
ISBN 978-7-5130-3885-0

Ⅰ.①我… Ⅱ.①陆… Ⅲ.①残疾人体育－运动训练－研究－中国 Ⅳ.①G812.49

中国版本图书馆CIP数据核字(2015)第261771号

内容提要

本书按照残疾人运动员参与运动训练的逻辑顺序（参训前、参训中及退役后），观察、分析其参训的全过程。这不仅便于在时间维度上把握残疾人运动员参训的全貌，诊断不同阶段存在的典型问题，而且可以深入、具体地观察制约残疾人体育发展的社会因素，从而更为准确、有针对性地把握残疾人体育参与和社会的互动机制，为我国残疾人体育的相关决策提供有价值的参考。

责任编辑：安耀东

我国部分残疾人运动员参训过程及保障

陆贝　著

出版发行：	知识产权出版社 有限责任公司	网　　址：	http://www.ipph.cn
电　　话：	010-82004826		http://www.laichushu.com
社　　址：	北京市海淀区马甸南村1号	邮　　编：	100088
责编电话：	010-82000860转8534	责编邮箱：	an569@qq.com
发行电话：	010-82000860转8101/8029	发行传真：	010-82000893/82003279
印　　刷：	北京中献拓方科技发展有限公司	经　　销：	各大网上书店、新华书店及相关专业书店
开　　本：	720mm×1000mm　1/16	印　　张：	11.25
版　　次：	2015年12月第1版	印　　次：	2015年12月第1次印刷
字　　数：	167千字	定　　价：	48.00元

ISBN 978-7-5130-3885-0

序

我国有八千多万残疾人，全面提高和改善这一庞大群体的生活状态，是全面建成小康社会过程中不容忽视的重要内容。

改革开放以来，随着我国社会经济的快速发展和社会文明程度的提高，残疾人体育得到前所未有的重视。其突出表征就是我国残疾人竞技运动水平迅速提高，在以残奥会为代表的国际体坛上争金夺银，为国争光。但是，残疾人体育的使命并不限于为国争光，更为重要的是改善这一尚处于弱势地位群体的生存状态，提高其生活质量，帮助他们"自尊、自信、自强、自立"，进而促进全社会的"平等、参与、共享"。

陆贝博士的这一著作，突破了过去多从树立国家形象的视角寻求残疾人竞技运动意义的研究局限。作者另辟蹊径，对残疾人运动员成长的全过程进行纵向的社会学研究，分析残疾人运动员在参训前、参训中及退役后不同阶段的状态、问题及成因。研究视角的这一转换，为我国残疾人体育研究开辟了新的领域，这一著作也因此产生许多极具创新意义的观点。此外，作者在研究中不做泛泛之论，而是聚焦于具体的运动员，通过活生生的案例分析构建论据，形成观点，因此具有很强的说服力。

北京体育大学教授　任海

前　言

体育是促进人的生理、心理和社会行为健康发展的身体活动，是以人为本的社会文化，因此独具魅力。在现代社会中，体育在健康促进、人际交往、社会沟通、振奋民族精神以及维护世界和平等各个方面发展迅速，取得了有目共睹的成就。20世纪后半期以来，当代体育的一大进展就是与残疾人的结合，催生了残疾人体育。残疾人体育以其强烈的人文关怀、特有的组织形式、适宜的身体活动，不仅给长期处于社会边缘地带的这一弱势群体注入生命的活力，而且改善了残疾人的生存状态和社会对他们的认知。随着社会文明程度的提高，残疾人体育的多种社会功能日益彰显。我国有八千多万残疾人，这是一个不容忽视的庞大群体。如何利用体育手段，帮助这一弱势群体实现"自尊、自信、自强、自立"，促进整个社会形成"平等、参与、共享"的社会氛围，从而提高这一社会群体的生活质量，使他们融入社会，共享改革开放的成果。这是今天我国体育不容回避的一个时代要求，也是本研究的根本目的之所在。

改革开放以来，残疾人体育研究在我国受到越来越多的关注，成果与日俱增，残疾人运动员也开始进入研究者的视野。但是，从社会学的角度对残疾人运动员参训过程进行纵向分析的研究尚未见到。残疾人运动员经历了由普通残疾人转换为残疾人运动员，又回归为普通残疾人的全过程。他们参与体育的程度之深，时间之长，角色变换之多，使之成为残疾人参与体育的典型群体，承载着大量的宝贵信息。他们的参训过程不仅集中体现出我国残疾人在参与体育的不同阶段的真实状态，而且深刻地反映了影响其体育参与的社会因素。按照残疾人运动员参与运动训练的逻辑顺序（参训前、参训中及退役后），观察并分析其参训的全过程，不仅可使我们在时间维度上把握残疾人运动员参训的全貌，诊断不同阶段存在的典型问题，而且可以深入、具体地观察到制约残疾人体育发展的社会因素，从而更为准确、有针对性地把握残疾人体育参与和社会的互动机制，为我国残疾人体育决策提供有价值的依据。

　　为此，本研究以我国部分残疾人运动员的参训过程为逻辑线索，探讨其参训前、参训中及退役后三个不同时期的生存状态、存在的问题及其成因，以期深化对我国残疾人体育的认识，为促进我国残疾人体育的发展提供理论和实践两方面的支撑。

目　　录

1　文献综述

从残疾人社会学的观点看，残疾人问题是人类社会固有的问题。在相当长的一段时间里，无论在政府、社会，还是学术界，残疾人问题始终得不到应有的重视和关注，边缘化现象严重。

然而，残疾人同样是社会的主体，同样可以为社会物质文明和精神文明的进步作贡献。残疾人具有公民的权利和参与社会生活的能力，完全应当和健全人在一起共享社会物质文化成果。因此，全社会必须要尊重残疾人的根本利益，为残疾人提供必要的社会保障，使残疾人平等参与社会生活，充分体现社会主义制度的优越性，促进社会的安定团结。正因为如此，有关残疾人事业的相关研究就显得格外重要，其中关于社会保障的研究就更令人关注。

1.1　国内学者关于残疾人社会保障的研究

根据查阅的相关资料，各位学者对社会保障的界定还存在不同的解释。本研究主要采用郑功成对社会保障的界定。郑功成在综合考察现代社会保障制度在各国的发展实践，以及国际性组织、部分国家政府、有关学者对社会保障的界定后，提出了对社会保障的定义，即：社会保障是国家或社会依法建立的、具有经济福利性的、社会化的国民生活保障系统。在中国，社会保障则是各种社会保险、社会救助、社会福利、军人福利、医疗保障、福利服务以及各种政府或企业补助、社会互助等社会措施的总称。❶从各个国家的实践状况看，社

---

❶ 郑功成. 社会保障学[M]. 北京：中国劳动社会保障出版社，2005.

会保障制度的具体构成是有差异的，但基本内容则大致相似，只是有些制度要素的健全程度和组合方式有所不同。根据实际情况，《中华人民共和国残疾人保障法》（1990年）规定，残疾人社会保障的内容分为康复保障、教育保障、就业保障、生活保障等。

各学者对残疾人社会保障问题非常关注。经统计分析，相关研究时间主要集中在2004年以后。这说明，随着我国社会经济水平的提高，社会对残疾人问题日益关注，残疾人社会保障问题有了更雄厚的理论支持。经过分析和整理，目前，关于残疾人社会保障的研究主要集中在以下几个方面。

1.1.1 残疾人生活保障

在研究残疾人社会保障的文献中，研究多倾向于描述残疾人的生存质量、需求及存在的不足，并提出相关建议。如：杜鹏等在《中国农村残疾人状况及政策建议》一文中，分析我国农村残疾人的人口学特征、残疾状况、社会经济状况以及社会保障和社会支持需求情况，并提出相应的政策建议。[1]张延辉等在《吉林省城乡残疾人生存状况比较研究》一文中，以吉林省城乡残疾人的生存状况为研究对象，通过对比分析，找出差距，并以此为标准提出整体改善吉林省城乡残疾人生存状况对策建议。[2]郑功成教授认为残疾人因其身体情况特殊，仅有面向大众的一般性保障制度安排、经济保障、生活保障是不可能满足其需求的。只有在一般性保障制度安排、经济保障、生活保障的基础上，根据残疾人的条件设计相应的专项保障、服务保障及其他保障性措施，才能真正帮助残疾人实现平等、参与、共享的发展目标。[3]对残疾人生存状况的研究表明，目前残疾人生活保障不够健全，残疾人贫困问题突出，生活仍旧十分困难，必须通过进一步推进残疾人一般性社会保险制度，保证残疾人的基本生活。

---

[1] 杜鹏,等. 中国农村残疾人状况及政策建议[J]. 人口与经济,2009(2).

[2] 张延辉,等. 吉林省城乡残疾人生存状况比较研究[J]. 工业技术经济,2008(11).

[3] 郑功成. 残疾人社会保障:现状及发展思路[J]. 中国人民大学学报,2008(1).

1.1.2 残疾人就业保障

在相关文献中，关于残疾人就业保障的问题最引人注目。这是因为"就业权、生存权、发展权，就业保障是残疾人社会保障的首要内容"。❶残疾人就业保障的研究集中在两个方面。

第一类是对现有就业模式、政策的问题研究和对策研究。此类研究占据绝大多数。目前，我国残疾人就业主要采取两种方式：福利企业就业与按比例就业。同时也包括残疾人自主创业。在这些就业形式的实施方面，都存在一些严重的问题。余冬林等在《浅论我国残疾人就业存在的问题及其对策》一文中认为，残疾人就业主要存在四方面的问题：残疾人就业总体水平较低，整体质量不高；残疾人就业服务体系还不完善，就业市场建设滞后；残疾人自身素质和就业观念不能适应市场需求；社会福利企业数量减少，部分企业对残疾人就业问题认识不到位。❷周云腾在《关于残疾人就业工作和社会保障的问题与思考》一文中认为：福利企业落后的经营和管理方式很难适应社会主义市场经济的发展，大多企业倒闭或不景气，难以再安置残疾人。其他学者也大都得出这样的结论。在执行过程中被商业利益驱使的各种经济组织以维护企业利益和减轻企业负担为借口进行规避，而因缺少相应的强制和惩罚机制，政策法规的执行缺少刚性，残疾人分散安置难度加大。王雪梅、莫明在他们的文章中都认为，按比例就业成了按比例"救济"、按比例"收钱"，残疾人就业率成了执行部门的"推荐率"。❸祝桂梅在《吉林省残疾人就业保障研究》一文中指出，残疾人分散就业法律不够完善，现行法规、规章没有明确残联及残疾人就业服务机构的执法主体资格，残疾人就业服务机构权限不足，手段不强，缺乏权威性，使得有关政策在执行时难以到位，力度不够。

---

❶ 王雪梅. 残疾人就业问题与就业保障政策思考[J]. 北京行政学院学报,2006(2).

❷ 余冬林,等. 浅论我国残疾人就业存在的问题及其对策[J]. 消费导刊,2008(12).

❸ 莫明. 对残疾人两种就业方式的思考[J]. 春天的事业,1995(10).

第二类是关于残疾人就业发展方向和责任主体的研究。赵晓芳认为"实现残疾人就业不能仅靠强制和舆论，需要政府、企业和个人三方协同作战。政府主导是残疾人就业的内在要求，是政府履行公共职责的体现，除此还要理性利用市场，调动企业的积极性，同时要引导残疾人发挥自身潜力。"❶王芳认为残疾人事业的发展前景必须坚持政府主导，建立长效工作机制；必须运用社会化工作方法，充分挖掘社会资源，争取社会各界的理解、支持和参与；必须大力推进法制建设，纳入法制化的发展轨道；必须适应国情，讲求实效，分类指导；必须充分发挥残疾人和残疾人组织的作用。唐镰也认为应从就业能力角度探讨政府、企业和个人在残疾人就业中的作用。他认为造成残疾人就业能力不足的主要原因是由于社会机会缺乏，这表现为残疾人受教育机会的缺乏和残疾人运用机会的缺乏。研究残疾人就业问题，应该从残疾人个人、企业和政府三个层面入手去分析残疾人就业能力建设中的特殊学校教育、残疾人学习能力、残疾人就业转换能力、企业的人力资源开发战略以及残疾人就业能力建设的政策评估等。❷

另外，还有一些文献着重介绍了国外残疾人就业方面的措施，并与我国残疾人就业模式等进行了对比研究，提出了一些改善我国残疾人就业的措施。如沈培建博士通过考察加拿大政府在平等就业方面的实践，为中国残疾人就业问题提供一些可借鉴的经验和思路。❸

总之，目前，我国残疾人就业形势不容乐观，仍面临众多的挑战。而关于残疾人就业的研究也尚处于现状描述性研究，未能从多元化的研究视角提出更多切实可行的措施。

---

❶ 赵晓芳. 从残疾人就业看企业社会责任[J]. 长春理工大学学报：社会科学版,2009(5).

❷ 唐镰. 从就业能力角度探讨政府、企业和个人在残疾人就业中的作用[J]. 教学与研究,2008(3).

❸ 沈培建. 加拿大的残疾人平等就业实践及其启示[J]. 中国残疾人,2007(3).

1.1.3 残疾人教育保障

邓朴方先生指出：接受教育是残疾人实现"平等、参与、共享"的基本条件；教育是残疾人"自尊、自信、自强、自立"的关键，残疾人的"四自"精神源于教育，基于教育；另外，从一定程度上说，残疾人教育体现了教育的本质，即都强调对个体差异和尊严的尊重，强调对残疾人平等受教育权利和机会的尊重。人才的培养是不分残健的，采用特殊或者个性化的手段针对的不仅仅是残疾儿童，也适用于其他人群。因此，关于残疾人教育的相关研究是非常必要的。目前，关于残疾人教育的研究主要涉及以下几个方面。

首先，关于残疾人教育保障的研究多从法律角度强调残疾人接受教育的权利。邓朴方先生指出：接受教育是残疾人实现"平等、参与、共享"的基本条件。教育机会的平等是残疾人全面实现平等的起点。教育机会平等了，残疾人才可能有平等的条件来融入社会，才有可能共享社会文明发展的成果。目前，残疾人与健全人最大的差距，不仅是先天身体条件上的差距，更多的是教育上的差距。大力发展残疾人教育是缩小残健差距的关键手段。❶

其次，是关于残疾人教育保障不同教育形式的研究。如，有的研究对残疾儿童义务教育的发展进行评价，专门研究了残疾儿童随班就读现状及发展趋势，提出大力发展残疾儿童学前教育和残疾人中等教育、高等教育与职业技能教育的重要性，以及借鉴国际全纳教育理念与国内人本特教新理念，提出要对普通学校进行改革。《残疾人全纳教育的理性分析》一文指出，全纳教育理念的出现并且逐步深入人心，在世界范围内对政策制定者、教育工作者和残疾儿童的父母都产生了巨大的影响。❷他们正在尽力为残疾儿童融入整个教育体系创造各种便利的条件，以便最终让其享受到与健全儿童一样多或者相差无几的教育资源。

另外，学者们也越来越注重国外残疾人教育的相关对比研究，并从中获得

---

❶ 邓朴方. 发展残疾人教育很紧迫,很现实[J]. 中国残疾人,2009(6).

❷ 郑雄飞. 残疾人全纳教育的理性分析[J]. 中国残疾人,2008(4).

启示。如杨柳、李继刚、肖非等人都对美国残疾人教育立法进行了解读。❶❷❸

1.1.4 残疾人康复保障

残疾人康复工作是中国特色残疾人事业的重要组成部分,是伴随改革开放而被引进、消化并逐步发展起来的新型社会工作。残疾人康复工作的健康发展不仅对于为残疾人创造平等参与社会生活的条件具有重要意义,而且对完善我国社会服务和公共卫生服务体系,推动"十七大"提出的"人人享有基本医疗卫生服务"目标的实现也具有十分重要的意义。随着残疾人事业的推进,残疾人康复研究也取得了重大的进步,主要包含以下内容。

首先,社区康复研究成为目前残疾人康复研究的主流。随着残疾人康复工作的开展,社区康复成为残疾人康复事业的重要任务之一。因此,也就催生了各领域学者从不同角度研究社区康复的热潮。龚文君等在《社区康复——我国残疾人康复事业发展的必由之路》中,对社区康复的主要内容、面临的难题以及发展社区康复的建议进行了阐述。❹李莉强调残疾人社区康复模式是社会保障管理及运行社会化的体现,它强调以社区为依托,在社区资源整合的基础上,对残疾人生活的物质环境、心理机制进行调整,实现残疾人全面康复、参与社会生活。残疾人社区康复模式的资源基础、筹资机制、管理协调、服务提供、技术指导以及支付方式是这种模式持续、合理发展的关键要点。❺

其次,残疾人康复需求状况以及影响残疾人康复事业开展的因素研究仍占相当比例。了解残疾人康复需求才能更好地开展残疾人康复工作,因此学者们针对不同残疾类别的残疾人群体展开调查。如贾宏亮等人就对上海市闸北区残

---

❶ 杨柳. 美国残疾人教育法探析[J]. 比较教育研究,2008(6).

❷ 李继刚. 美国特殊教育立法及对我国的启示[J]. 中国特殊教育,2008(8).

❸ 肖非. 美国特殊教育立法的发展——历史的视角[J]. 中国特殊教育,2004(3).

❹ 龚文君,等. 社区康复——我国残疾人康复事业发展的必由之路[J]. 江海纵横,2009(4).

❺ 李莉. 残疾人社区康复模式探讨——从社会保障实施社会化的视角[J]. 河南师范大学学报:哲学社会科学版,2007(6).

疾人康复服务需求的影响因素进行了分析，为残疾人康复服务资源配置及其他政策制定提供依据。❶林诚等人抽取福州市台江区 8 个社区的 305 名残疾人进行调查，分析该地区残疾人康复需求基本情况，并探讨影响康复服务的因素。结果显示康复认知状况是接受康复服务的主要影响因素。❷

另外，残疾人康复研究还针对不同人群展开调查，如针对残疾老年和残疾儿童的康复，以及研究不同残疾类别的残疾人康复状况。

1.1.5　残疾人社会保障研究存在的问题

中国残疾人社会保障研究存在四个方面的问题。首先，到目前为止，中国残疾人社会保障研究仍偏重于对我国现阶段如何完善残疾人社会保障制度的对策研究，忽视对社会保障基本理论的研究。很多研究就制度中存在的问题所提出的对策雷同，建议中并未给出具体的可操作的步骤。一些研究虽然提到了政府应该承担主导责任，但是政府和家庭、社区分工方面还有待进一步细化。其次，中国残疾人社会保障研究偏重于具体内容研究，忽视残疾人社会保障制度和健全人社会保障制度的关系研究。再次，残疾人社会保险研究相对较少，很多对残疾人社会保障的研究仍然采用救助模式的视角并提出对策建议，这些对策建议在一定程度上会增强残疾人负面形象并挂上社会标签，不利于残疾人的社会融合。❸最后，各位学者都对残疾人的社会保障问题提出了解决的方法或对策，但是并没有进行相关的跟踪调查，理论的指导与实践未能真正地契合，还是基于现状调查的层面。

---

❶ 贾宏亮, 等. 上海市闸北区残疾人康复服务需求影响因素的多元分析[J]. 中国康复理论与实践,2009(2).

❷ 林诚, 等. 福州市台江区残疾人康复需求及影响因素的分析[J]. 福建医科大学学报：社会科学版,2009(1).

❸ 高圆圆. 中国残疾人社会保障研究综述[J]. 湖北社会科学,2009(8).

1.1.6　残疾人社会保障仍需进一步研究的问题

残疾人社会保障研究虽然有了较大的发展，但需要进一步拓宽研究视角。如，残疾人的各项保障的定量研究；如何让残疾人享受到社会保险和社会救助的待遇的制度研究；为贫困的残疾人设计特殊的补偿措施还需要进一步研究；农村残疾人在养老、医疗及康复、教育、救济等方面的保障需求远远没有得到满足，需要进一步研究；对不同类别残疾群体的研究还需进一步细化；加强对国外先进、成熟残疾人社会保障政策的研究，为构建"平等、参与、和谐、共享、发展"理念的中国残疾人社会保障制度服务。

1.2　国内外学者关于残疾人体育的研究

新中国成立以来，中国残疾人体育发展发展迅速。在不同的历史阶段，关于残疾人体育的研究层出不穷。本研究关于残疾人体育研究状况的描述只是基于对检索到的文献资料做出的整理。

1.2.1　国内学者关于残疾人体育的研究

随着残疾人体育的发展，关于残疾人体育方面的研究也呈现多元化的视角。首先，从整体上讲，主要是残疾人体育相关理论的研究，主要包括对残疾人体育价值[1][2]、残疾人体育目的、意义、功能的研究[3][4][5]，以及对残疾人体育总揽性的研究[6][7][8]。

---

❶ 王若光,等. "自卑与超越"—— 对残疾人体育价值的重新审视[J]. 中国残疾人,2007(7).

❷ 唐银春,等. 和谐理念下的残疾人体育的价值定位[J]. 景德镇高专学报,2009(6).

❸ 唐新发. 刍议残疾人体育的目的与任务[J]. 荆州师专学报:自然科学版,1996(4).

❹ 覃兴耀,等. 再论残疾人体育的意义[J]. 体育文化导刊,2008(1).

❺ 朱丽琼,等. 残疾人体育的价值功能及实现理径论析[J]. 中国医学伦理学,2008(4).

❻ 张雨沂,等. 我国残疾人体育研究[J]. 体育文化导刊,2008(4).

❼ 张燕中. 我国残疾人体育的发展[J]. 体育文化导刊,2009(4).

❽ 吴燕丹,等. 融合与共享:论和谐视域中残疾人体育的可持续发展[J]. 体育科学,2008(10).

其次，从部分上讲，主要是根据残疾人体育的相关分类，分别进行某一类别的细致研究。关于残疾人体育的分类，国际上对残疾人体育普遍称之为适应性身体活动，依据其功能可以分为竞技运动、适应体育教育和适应休闲活动。国内学者在残疾人体育研究中，习惯于将残疾人体育分为残疾人竞技体育、残疾人群众体育和残疾人体育教育。通过整理研究搜集到的相关资料，目前关于残疾人体育的具体研究主要涉及以下几个研究角度。

1.2.1.1 残疾人竞技体育研究

1.2.1.1.1 残疾人竞技体育发展现状和对策的研究

准确地把握残疾人体育开展的现状，可以发现不足，找出问题所在，进而提出针对性的建议，可以更好地掌握其发展的方向，更好地促进其发展。这也是目前大部分学者研究的重点。因此，关于残疾人竞技体育发展现状的研究具有一定的现实意义。这方面的研究主要包括全国性残疾人竞技体育发展现状研究、各省市残疾人竞技体育发展研究以及某一项目发展现状的研究。如金梅等人对目前我国残疾人竞技体育发展现状进行了统计和分析[1]；孔凡镕对山东省残疾人竞技体育发展现状进行研究[2]；而吉朝霞、杨华等人分别对坐式排球和乒乓球项目的发展现状进行了分析和研究[3][4]。

1.2.1.1.2 残疾人竞技体育运动员的研究

残疾人运动员是残疾人竞技体育的主要力量。关于残疾人运动员的研究，对于他们克服重重困难取得优异成绩是具有现实意义的。目前关于残疾人运动员的研究主要包括以下几个方面。①残疾人运动员心理方面的研究，如漆昌柱

[1] 金梅,等. 我国残疾人竞技体育发展现状及对策研究[J]. 天津体育学院学报,2006(5).

[2] 孔凡镕. 山东省残疾人竞技体育的现状及对策研究[D]. 山东:山东师范大学,2008.

[3] 吉朝霞. 对我国残疾人排球运动的现状极其发展对策的研究[D]. 江苏:扬州大学,2007.

[4] 杨华. 我国残疾人乒乓球运动发展现状的调查研究[D]. 北京:北京体育大学,2004.

等人对残疾人运动员的特质焦虑与竞赛状态焦虑进行了研究。❶②残疾人运动员基本状况的研究，如袁国伟对我国盲人门球运动员基本状况进行了调查研究。❷③残疾人运动员选材的研究。宁晓青进行了这方面的尝试，希望构建残疾人运动员选材理论体系❸，侯晓晖也在初步探索残疾人游泳运动员科学选材❹。④关于残疾人社会保障的研究。近几年关于残疾人运动员社会保障的研究逐渐进入一些学者的视野，如李大新、李超、张陵、邹德新等人都开始关注残疾人运动员社会保障，以保障运动员的长远利益。❺❻❼❽⑤优秀运动员的研究，这是因为优秀运动员在残疾人竞技体育领域具有一定的代表性，是值得关注的群体。

1.2.1.1.3　残疾人竞技体育训练方面的研究

　　竞技性是竞技体育的特性，取得优异成绩是其追逐的目标。而优异成绩的取得必须依靠日常的科学化训练。因此，如何提高残疾人竞技体育训练水平是我们值得关注的课题。通过整理分析关于残疾人竞技体育训练的研究主要涉及以下几个方面。①日常训练科研攻关。如赵春英对中国残疾人举重队备战世锦赛集训技术攻关进行了研究。❾②科学化训练研究。如唐桂萍对我国残疾人游泳运动员不同训练阶段机能状态进行研究，以提高训练的科学化水平。❿③优秀运动员训练过程的研究。如那宪飞详细地研究了世界纪录创造

❶ 漆昌柱,等. 残疾人运动员的特质焦虑与竞赛状态焦虑研究[J]. 体育科学,2005(3).

❷ 袁国伟,等. 对我国残疾人盲人门球运动员基本状况的研究[J]. 阴山学刊,2008(6).

❸ 宁晓青,等. 构建残疾人运动选材理论体系的初探[J]. 大视野,2008(7).

❹ 侯晓晖. 残疾人游泳运动员科学选材的初探[J]. 广州体育学院学报,2008(3).

❺ 李大新. 论我国运动员的社会保障[J]. 广州体育学院学报,2006(11).

❻ 李超. 对我国运动员社会保障的研究[J]. 北京体育大学学报,2007(11).

❼ 张陵. 美日韩运动员的社会保障及其启示[J]. 体育文化导刊,2009(1).

❽ 邹德新,等. 运动员社会养老保险需求意愿研究[J]. 沈阳体育学院学报,2009(2).

❾ 赵春英. 中国残疾人举重队备战世锦赛集训技术攻关研究[J]. 北京体育大学学报,2003(9).

❿ 唐桂萍. 我国残疾人游泳运动员不同训练阶段机能状态研究[J]. 沈阳体育学院学报,2005(8).

者残疾举重运动员李凤梅的训练情况。❶④教练员相关情况研究。在日常训练过程中，教练员是必不可少的角色，对于提高训练成绩至关重要。因此，很多学者也十分关注残疾人竞技体育教练员这一群体。李靖对残疾人运动员与教练员的交往关系进行了分析❷，张先锋对田径项目国家队教练员进行了调查等❸。

1.2.1.1.4　残疾人竞技体育其他相关人员的研究

残疾人竞技体育的发展离不开运动员和教练员的努力，同样也不能忽视裁判员、分级师的作用。通过查阅此类文献发现，相关研究大都涉及该方面的负面现象。庄茂花在《我国残疾人竞技体育诚信缺失的现状及对策研究》一文中阐述了裁判员队伍诚信缺失的现象❹；毛晓荣阐述了我国残疾人体育医学与功能分级师队伍存在诸多的问题需要解决。❺另外，没有发现关于队医、陪训人员的相关研究。

1.2.1.1.5　残疾人竞技体育研究存在的问题

首先，最近几年，残疾人竞技体育方面的研究取得显著进步，涉及范围越来越广泛，但大都处于现状描述性研究，提出的对策雷同现象严重。其次，研究学者相对较少，这充分说明残疾人竞技体育研究还没有引起更多学者的关注。再次，相关研究还刚刚起步，都是从宏观角度进行阐述，研究不够深入。最后，关于残疾人竞技体育相关人员涉猎不完整，需进一步拓宽研究范围和深度。目前，尚未发现从残疾人运动员体育参与过程的角度寻找中国残疾人体育发展过程中存在的问题的研究。

---

❶ 那宪飞. 体能训练对举重专项竞技能力提高的影响——析世界纪录创造者残疾举重运动员李凤梅的训练[J]. 哈尔滨体育学院学报,2004(1).

❷ 李靖. 主体间性视野下残疾人运动员与教练员的交往关系[J]. 西安体育学院学报,2009(1).

❸ 张先锋. 残疾人田径项目国家队教练员人才资源现状研究[J]. 沈阳体育学院学报,2007(6).

❹ 庄茂花. 我国残疾人竞技体育诚信缺失的现状及对策研究[J]. 哈尔滨体育学院学报,2007(10).

❺ 毛晓荣. 我国残疾人体育医学与功能分级师队伍的现状分析[J]. 西安体育学院学报,2008(3).

1.2.1.1.6　残疾人竞技体育仍需进一步研究的问题

首先，应加强残疾人竞技体育可持续发展方面的研究，为残疾人竞技体育发展创造条件，为残疾人竞技体育可持续发展打下良好的基础。其次，加强对国外残疾人竞技体育的研究。国外残疾人竞技体育的发展经验值得我们学习和借鉴，可更快、更科学地促进残疾人竞技体育的发展。另外，残疾人运动员社会保障研究应更深入，提出更多切实可行的意见和建议，以及从残疾人运动员参训过程的角度进行深入研究。同时，残疾人竞技体育使用的专用器材、装备的研发还待加强。最后，应加强裁判员、分级师、队医等相关人员的研究，以提高训练的科学化水平。

1.2.1.2　残疾人群众体育研究

近年来，我国残疾人竞技体育取得了辉煌的成绩，但是残疾人群众体育现状不容乐观，使得竞技体育没有坚实的全民基础。为了进一步提高我国残疾人生活状况，鼓励更多残疾人参与体育锻炼，积极参与社会生活，提升我国的软实力，建设和谐社会，对我国残疾人群众体育的研究尤为必要。但是经过整理、分析搜集到的文献发现，与残疾人竞技体育相比，关于残疾人群众体育的研究要少得多，出现了"重竞技体育研究，轻残疾人群众体育研究"的现象。目前残疾人群众体育研究主要包括以下几个方面。

1.2.1.2.1　残疾人群众体育开展现状及影响因素调查

关于残疾人群众体育现状的调查占据同类文章的大多数，主要包括以下几个方面。①对某省市残疾人群众体育的调查研究。如于军等人对山东省群众体育开展现状进行了调查，分析影响残疾人参与体育运动的主要因素，并提出了相关对策。●张健飞、谭丽清、高小爱等分别对吉林省、湖南省、甘肃省残疾

● 于军. 山东省残疾人群众体育现状及发展对策研究[J]. 体育科学,2009(8).

人群众体育开展情况进行了调查分析等。❶❷❸②对各残疾类别的残疾人参加残疾人群众体育的研究，如孟林盛对智力残疾者参加体育活动的现状进行了调查。❹③对某类别残疾人群体体育锻炼现状的调查研究，如段晓霞、李之俊分别对残疾人学生群体和城市残疾人参与体育锻炼的情况进行调查，分析了影响其参与体育锻炼的诸多因素，并从实际出发，提出了相应的对策和建议。❺❻

1.2.1.2.2 关于残疾人康复体育的研究

康复体育是运动疗法的发展与延伸，是运用体育的手段和各种运动的方法，借以治疗疾病与损伤，预防并发症，解除消极的心理状态，促进身体功能全面恢复，达到康复的目的。残疾人康复体育事业发展对于提高残疾人群众体育参与水平具有重要作用，因此也是值得研究的课题。但是，目前对于康复体育的研究比较缺乏，关注残疾人康复体育的学者也较少。孔凡镕等人对残疾人康复体育的发展现状进行了研究，并与国外康复体育的研究相结合，对我国未来康复体育的发展提出了建议和对策。❼王文平从社区融合的角度尝试构建残疾人康复体育的模式。❽另外，目前社会康复体育成为比较热门的课题，如金宁等比较关注社区康复体育的发展❾，并热衷于介绍国外残疾人康复体育发展经验，以便为我国残疾人康复体育的发展提供借鉴的经验。❿

---

❶ 张健飞. 吉林省残疾人群众体育发展战略探究[J]. 通化师范学院学报,2009(2).

❷ 谭丽清. 湖南省残疾人体育发展现状和对策探究[J]. 长沙民政职业技术学院学报,2005(1).

❸ 高小爱. 甘肃省残疾人体育活动的制约因素与发展对策[J]. 体育学刊,2005年01期

❹ 孟林盛. 智力残疾者参加体育活动的现状及对策研究 [D]. 太原:山西大学,2005.

❺ 段晓霞. 兰州市残疾学生体育锻炼的现状及可行性研究[D]. 兰州:西北师范大学,2002.

❻ 李之俊. 我国城市残疾人健身体育锻炼的现状与对策[J]. 上海体育科研,2003(1).

❼ 孔凡镕,等. 残疾人康复体育的发展现状及对策研究[J]. 山东师范大学学报:自然科学版,2007(6).

❽ 王文平. 社区融合理念下山西省残疾人康复体育模式的构建研究[D]. 武汉:武汉体育学院,2007(6).

❾ 金宁. 我国社区康复体育前景展望[J]. 中国康复医学杂志,1998(1).

❿ 金宁. 挪威残疾人康复体育现状考察分析[J]. 中国康复医学杂志,1997(3).

另外，科学的健身模式、健身方法对于残疾人的康复具有重要的作用。在残疾人健身模式构建方面，王军等根据目前我国社区体育的现状和社区体育中残疾人健身的状况，分析社区体育中残疾人健身模式的构建依据和基础，提出在社区体育中残疾人健身模式构建时的途径和需要注意的问题。❶金宁对95例脊髓损伤者进行体育康复疗法，采用轮椅障碍赛、轮椅乒乓球、轮椅竞速等方法训练了92天，取得了很好的效果。

1.2.1.2.3　残疾人群众体育研究不足及有待于进一步研究的问题

残疾人群众体育研究不能仅局限于宏观的现状研究，而应加强残疾人体育健身手段及其效果评定的研究，这是残疾人体育微观研究中的重要课题。研究者必须根据不同类型、不同级别（程度）的残疾特点，研究适应各种不同残疾情况的运动处方及其评定的标准与方法，更好地为残疾人健身提供科学指导，减少盲目锻炼对残疾人身体造成的再次伤害。另外，关于残疾人群众体育的法律机制的研究还处于空白状态，需要引起相关研究者的重视。同时，关于残疾人群众体育社会指导员以及相关机构组织的研究也较缺乏，残疾人群众体育科学监控和跟踪调查的研究也须进一步加强。

1.2.1.3　残疾人体育教育研究

残疾人体育不仅能够改善残疾人身体状况，而且可以从运动中获得乐趣，增强生活的信心和勇气。因此，加强残疾人体育教育是发展残疾人体育教育关键内容。目前，关于残疾人体育教育的研究主要涉及以下几个方面。

1.2.1.3.1　现状分析和对策研究

关于残疾人体育教育现状的研究主要集中在以下两点。①特殊教育学校体育教育现状，如周坤、张梦娣、邓卫权等分别对安徽省、河北省、江西省的特

---

❶ 王军. 论我国社区体育中残疾人健身模式的构建依据和途径[J]. 体育科技文献通报,2005(12).

殊教育学校体育教育进行了现状调查。❶❷❸大都认为教学大纲、教材已不适应现代教学的需要，缺乏教育改革的新理念；课程结构体系欠合理；课程教学内容单调；体育教师严重短缺；体育经费投入不足且来源途径单一等现状限制了残疾人体育教育的发展，需要进行大胆的改革与创新，促进残疾人体育的发展。②残疾人体育教育师资队伍现状研究。

1.2.1.3.2 对残疾人体育教育改革的探讨

随着素质教育的全面推进，学校体育改革异常活跃，但特教学校体育改革却相对滞后。为了能够适应时代的需求和残疾人群体的特殊需求，必须对残疾人体育教育进行改革。何敏学认为必须要深入开展对特殊教育学校体育的研究；深化课程改革，建立特殊教育学校体育课程新体系；加强特殊教育体育师资的培养以及逐步改善特殊教育学校体育物质条件。❹吴燕丹通过调查研究认为，教育公平和生命关怀理念是特殊体育教育改革的理论依据；大学特殊体育教育的改革与重建，应从政策保障、课程调适、支持系统完善等几个方面着手，寻求学生身心发展的最大值。❺

1.2.1.3.3 对国外残疾人体育教育经验对我国的启示的研究

与国外特殊体育教育的发展历程相比，我国特殊体育教育的发展远远处于落后地位。因此，国外特殊体育教育经验会给我国特殊体育教育的发展以很好的启示。也使得中国学者都热衷于此课题的研究。如李群力等人通过对适应体育课程国家标准的系统研究，在掌握大量适应体育文献资料的基础上，阐明了适应体育课程国家标准的基本特征，并提出适应性教学是特殊学生的体育课程学习的最佳选择，应该将特殊体育教育对象扩展到"生理与心理上有特殊体育

❶ 周坤. 安徽省特殊教育学校体育现状与发展对策 [D]. 芜湖:安徽师范大学,2005.

❷ 张梦娣. 河北省特殊教育学校体育现状与对策研究 [D]. 石家庄:河北师范大学,2007.

❸ 邓卫权. 江西省特殊教育学校体育现状与发展对策研究[J]. 首都体育学院学报,2008(5).

❹ 何敏学. 关于我国特殊教育学校体育改革的建议[J]. 体育学刊,2005(1).

❺ 吴燕丹. 中国大学特殊体育教育现状调查与思考[J]. 体育科学,2007(1).

需要"的人群；在制订特殊体育的师资课程标准时，应具备本土性考虑；特殊体育教育应包含终身体育理念，适应体育专业人员的培养须采取专业证书制度。❶

1.2.1.3.4　残疾人体育教育研究存在的问题及有待于进一步研究的问题

残疾人体育教育正在引起学界的关注，研究正逐渐升温，但与国外代表性国家相比，我国大学特殊体育教育研究，仍存在明显的不足。如：法律意义上的公平缺乏监督、约束与评价机制，往往流于形式；缺乏普适的课程指导纲要和相应的体质标准，教学随意性大；理论研究偏多；尚未建立起特殊体育教育与终身体育的联系等。因此这些方面的研究也有待于成为残疾人体育教育研究的新课题。

总之，关于残疾人体育教育的研究还有较大的研究空间，需要在现有研究的基础上进一步深化。

1.2.2　国外学者关于残疾人体育的研究

当前，国际残疾人体育研究的中心主要是在美国、欧洲各国。研究内容已经从单纯的体育健身、娱乐、比赛进入哲学、社会等综合层面的研究，更加关注从学科角度进行残疾人体育学的建设和教育。欧美国家在很多大学设立了专门的残疾人体育学专业、学位，以及专门的研究机构，并制定了残疾人体育职业标准等。这与我国较多现状研究存在较大的差异。

在国外，关于残疾人运动员的研究更加微观化，而且多从生理学等学科角度入手，针对某一运动员生理结构、残疾程度等个体特征进行细致入微的研究，并提出提高其运动成绩的措施和方法。

除此之外，与国内研究视角不同的是，国外一些专家学者开始就残奥运动的遗产展开研究。如澳大利亚奥林匹克专家 Richard Cashman 和 Simon Darcy 就

---

❶ 李群力. 美国适应体育课程国家标准对我国特殊体育教育的启示[J]. 中国特殊教育,2009(7).

对2000年悉尼残奥会遗产进行了综合研究，使得残疾人体育的研究视角更加多元化，争取实现与奥林匹克运动的研究接轨。[1]

　　在我国，残奥运动虽已取得辉煌的成就，也成功举办2008年北京残奥会，但是在理论研究方面还远远落后于国外。对于我国残疾人体育研究专家来说，必须要突破已有的研究视角局限，实现宏观和微观的结合，不断拓宽研究领域，才能逐步与国际接轨，加快残疾人体育研究的步伐。

[1] CASHMAN R，DARCY S. Benchmark games The Sydney 2000 Paralympic Games[M]. Petersham，NSW: Walla Walla Press，2008.

2 研究设计与方法

2.1 研究对象与调查对象

2.1.1 研究对象

本研究将部分残疾人运动员的参训过程以及中国残疾人体育发展状况作为主要的研究对象。

2.1.2 调查对象

首先，笔者调查了云南云之南青年体育俱乐部的运动员、云南省轮椅击剑、轮椅篮球、坐式排球队的运动员，以及上海市残疾人体训中心的部分运动员，共计67名。这些运动员平均年龄23岁，男运动员45名，女运动员22名，平均参训年限4年，30%属先天性残疾，有19人参加过残奥会。项目分布为：轮椅击剑运动员16名、坐式排球运动员10名、游泳23名、乒乓球2名、轮椅篮球6名、田径8名、举重2名。

其次，作者还对正在执教残疾人体育训练的7名教练进行了问卷调查。

同时，本研究还以网络调查的方式，选取35名社会各界人士，调查其对残疾人体育所持的态度及观念，旨在了解中国残疾人体育在社会中的地位，找出发展中存在的不足。

2.2　研究方法

本研究主要选取了以下几种研究方法。

2.2.1　文献资料法

通过搜集各类相关图书和网络文献，作者查阅了大量国内外有关社会学、社会保障、残疾人社会工作、残疾人体育等方面的图书和资料，其中学术著作20余本，文献400余篇，为文章的撰写工作提供了大量的理论依据。

2.2.2　访谈法

首先，作者选取北京市参加北京残奥会的10名运动员作为主要的访谈对象，以口述史的方式了解他们体育参与的全过程。这为研究提供了丰富的案例，实现了数据与案例的有效结合（见表2.1）。

表2.1　访谈运动员一览表（N=10）

姓名	性别	从事项目	残疾状况
杨某1	男	田径	脑瘫
陈某1	男	轮椅篮球	肢残
杜某	男	盲人门球	盲人
姚某	男	盲人门球	盲人
郭某	男	轮椅篮球	肢残
陈某2	男	轮椅橄榄球	肢残
邵某	男	轮椅橄榄球	肢残
杨某2	男	轮椅篮球	肢残
张某	女	硬地滚球	脑瘫
李某	男	田径	盲人

其次，作者还选取9名残疾人体育的专业人士进行不同形式的深度访谈。就一些深入性问题或疑难问题向他们请教，获得了诸多与研究内容相关但又在文献中无法获得的信息和资料（见表2.2）。

表2.2 访谈官员、教练员一览表（N=9）

姓名	性别	职位
张鸿鹄	男	金牌教练（游泳）
黄鹏	男	金牌教练（轮椅竞速）
杨金奎	男	中国残联副主席
董学模	男	残联官员
李岩松	男	北京残疾人体训中心官员兼运动员
汪娟	女	北京残疾人体训中心官员兼运动员
卢雁	女	北京体育大学教授
熊小铭	男	教练
张敏珍	女	教练

另外，在填写问卷的过程中以及回收问卷后，作者又对部分调查对象进行了深入访谈。在访谈过程中，运动员们畅所欲言，为本研究提供了诸多翔实的珍贵资料。

2.2.3 调查问卷法

2.2.3.1 问卷的设计

为了保证问卷设计的合理性，笔者前往北京市残疾人体育训练中心对参加过北京残奥会的10名运动员进行了预调查，及时补充纠正一些问题。

为了更加全面地了解不同群体就相关问题的解答，本研究设计了运动员问卷、教练员问卷。问卷的内容以社会保障学、心理学、社会心理学等理论为基础，设计了相关的问题，并就相关问题请教了残疾人体育方面的专家。

运动员问卷旨在全面了解被调查对象在参与训练前、参与训练中以及退役之后不同阶段里的社会救助、社会保险、社会福利情况，以及心理的变化情况，同时也就无障碍设施的建设情况、运动员的训练过程、组织管理等进行了全面的跟踪了解。教练员问卷主要就残疾人体育教练员的诸多情况如其来源、执教年限、参加执教途径、动机，以及残疾人体育训练、运动员管理等各方面问题进行了调查了解，并就与残疾人运动员相关的问题征求了教练员的观点，同时也了解了教练员们对一些深层次问题的看法。

2.2.3.2　问卷的效度和信度检验

在发放问卷前，为保证问卷的效度，作者专门请4位教授和4教练员对调查问卷每一题的效度进行了评价（见表2.3）。

表2.3　专家对问卷设计总体评价情况（$N=8$）

效度	高	较高	一般	较低	低
频数	5	3	0	0	0
占比/%	62.5	37.5	0	0	0

除此之外，问卷的信度检验采用了重测法，即测量的再测量方法，求稳定系数。第二次发放问卷的时间与第一次间隔25天。作者从参与第一次调查的67名运动员当中随机挑选出10人，以邮件形式邀请其参与第二次问卷调查。两次调查的相关系数$R=0.904$，$P<0.01$，说明可靠性显著，两者存在高度相关。

2.2.3.3　问卷的发放和回收

问卷的发放对象主要选取上海市残疾人体育训练中心（田径、坐式排球、轮椅击剑、游泳、乒乓球）以及云之南青少年游泳俱乐部（这里曾培养出诸多残奥会游泳冠军）和云南省各支残疾人体育队伍（坐式排球、轮椅击剑、轮椅篮球）中的残疾人运动员。在相关领导、教练的帮助下，运动员积极配合。问卷采用当场填写、当场回收的方式。在回收问卷的过程中，笔者认真检查每一份问卷有无漏选现象，保证了有效问卷的回收率。另外，笔者还在与运动员的交流中收集到诸多问卷问题之外的十分有价值的资料，充实了文章的内容。本次调查，共发放运动员问卷67份，回收有效问卷67份，回收率100%；发放教练员问卷7份，回收7份，回收率100%。

2.2.4 观察法

在上海、云南昆明发放调查问卷的过程中，作者前往运动员训练场地（上海市体训中心、上海阳光之家残疾人训练基地、云南海埂训练基地）观察他们的日常训练，了解了他们的训练情况。同时与运动员同吃、同住，观察运动员日常生活的安排情况。

2.2.5 个案分析法

在进行一般性调查的基础上，本研究专门对12名运动员进行了个案分析，为本研究撰写提供论据。

2.2.6 数理统计法

本研究运用SPSS15.0统计软件对收集的数据进行统计、分析。

2.3 研究的创新点

通过查阅和分析可知，现有的关于残疾人体育的文献，关于残疾人体育现状的研究占到了绝大多数。虽然本研究也有一部分篇幅是关于残疾人体育或残奥运动在我国发展现状的一般性研究，但是本研究创新性地从残疾人运动员这一特殊的群体入手，按照残疾人运动员参与体育的时间逻辑顺序（参训前、参训中及退役后），观察、分析其体育参与的全过程，把握残疾人参与体育的全貌。在了解其在各阶段一般生存状况等的基础上，各阶段间展开纵向比较以及关于某一指标的横向比较，透过现象看本质，着重诊断不同阶段存在的典型问题，并深入、具体地观察制约残疾人体育发展的社会因素。从而可以更为准确、有针对性地把握我国残疾人体育的发展状况，为残疾人体育发展的决策提供有价值的依据。

2.4 研究思路与框架

2.4.1 研究框架

本研究以部分残疾人运动员的参训过程为主线，将其划分为参训前、参训中以及退役后三个阶段（见图2.1）。参训前，主要针对残疾人运动员的参训动机和途径进行深入分析；参训中，则主要针对其身心变化、社会保障变化以及训练、参赛保障展开分析；在退役后这一阶段，主要分析研究残疾人运动员对于退役所持的态度、导致他们退役的原因、最初动机实现情况以及退役后安置状况。无论是哪一阶段，本研究都在了解现状的基础上，分析了导致该现状的因素，最后尝试提出建议性措施。

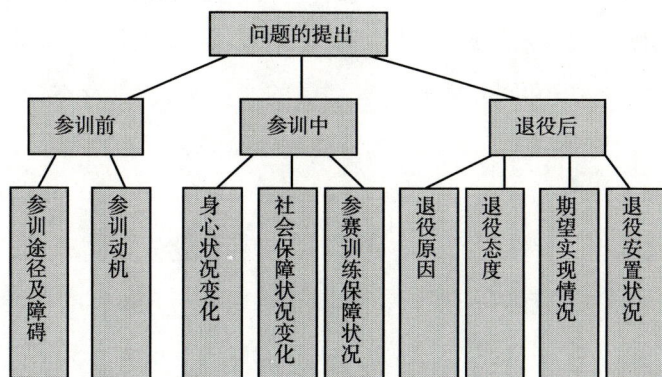

图2.1 研究框架与问题的提出

2.4.2 研究思路

科学而严密的逻辑思路是任何科学研究取得成功的前提和保证。本研究通过总结和分析已有文献，吸取已有文献的写作技巧和经验，并应用理论联系实际的哲学指导思想，构建了如下逻辑思路。

首先，理清残疾人体育的发展脉络以及在中国残疾人体育我国特殊国情下的发展演变，以便清晰了解我国残疾人体育的发展状况。作为中国残疾人体育发展道路上的重要里程碑事件，本研究着重了解中国残奥运动的发展，进而引出主角——中国残疾人运动员（包括多名残奥健儿）的出场，因为他们在中国残疾人体育的发展过程中扮演着极为特殊的角色，是一个值得深入研究的特殊群体。

其次，在了解了中国残疾人体育和残奥运动的基本情况之后，本研究步入正题，着重就部分残疾人运动员的参训过程进行深入的社会学分析。经过充分的调查和访谈，本研究结合社会学、社会心理学和社会保障学、教育学等学科的理论，将残疾人运动员的参训过程分成三个不同的发展阶段，即参训前、参训中、退役后三个阶段，从不同的视角对他们的参训过程进行剖析。其中，残疾人运动员的社会保障问题（社会救助、社会保险、社会福利、无障碍环境等）是贯穿残疾人体育参与过程的关键，并对此进行纵向（各参与阶段）比较（了解残疾人体育给残疾人运动员的身心状况等各方面带来的变化）和横向比较（与健全人运动员和国外残疾人运动员的对比），找出存在的问题和不足。除此之外，本研究还根据不同阶段的特点展开研究，以求更全面了解残疾人运动员的体育参与状况。

最后，在全面了解残疾人运动员参训过程的基础上，本研究以小见大，透过现象看本质，将研究进一步升华，提高至中国残疾人体育的发展层面，甚至是中国残疾人事业发展层面，尝试提出解决问题的建议和意见，进而推进残疾人体育和谐发展和社会主义和谐社会的构建。

总之，本研究努力遵循理论结合实践的指导思想，按照"分析现状——发现问题——解决问题"的思路展开撰写。

3　分析与讨论

3.1　残疾人体育及其历史沿革

3.1.1　残疾人体育相关概念的辨析

3.1.1.1　残疾的定义

在了解残疾人体育前，弄清有关残疾人体育的相关概念至为关键。关于残疾这一概念，世界卫生组织按残疾的性质、程度和影响将残疾分为残损（impairment）、残疾（disability）和残障（handicap）三类。❶

残损即功能形态残疾，是指心理、生理、解剖结构或功能上的任何丧失或异常。它代表着病理状态的外观化表现，属器官水平的障碍。组织器官形态改变，功能也有降低，但对个体整体功能影响不大，可能是暂时性的或是永久性的。

残疾是指由于损伤而造成的以正常方式或在正常范围内进行活动的能力的受限或丧失。表现为个体功能障碍，个体的实用性行为功能受限或丧失，有明显的残疾外观，日常生活受到一定影响，社会功能尚能进行，但比正常人低。残疾可以是残损的直接后果，也可以是个人对躯体损伤、感觉器官损伤或其他损伤的反应，特别是心理上的反应。而且残疾可以是暂时性的或永久性的，可

---

❶ 卢雁. 中国适应体育学科研究[M]. 北京：北京中体音像出版中心，2008.

逆的或不可逆的，进展性的或恢复性的。

残障是指某一个体由于损伤或残疾导致其部分或全部地失去以正常方式参与社会活动的能力，限制了或阻碍了其正常的社会作用的发挥。残障是一种社会现象，代表了损伤和残疾的社会和环境后果，主要包括识别障碍、身体残障、运动残障、职业残障、社交活动残障和经济自给残障等。

在我国，《中华人民共和国残疾人保障法》以法律的形式确定了残疾人的定义，即在心理、生理、人体结构上，某种组织、功能丧失或者不正常，全部或者部分丧失以正常方式从事某种活动能力的人。这个定义包括两层意思：第一层意思是在心理、生理、人体结构上存在残缺或损伤；第二层意思是指全部或部分丧失以正常方式从事某种活动的能力，也就是说不能完全像健全人那样以正常方式从事活动。❶

3.1.1.2 残疾人体育的定义

关于残疾人体育的概念的界定并未形成统一的定论。目前，在文章报刊中被引用较多的概念是这样描述的："残疾人体育是指残疾人及其群体在长期的社会实践中所形成的一种参与体育现象。一般认为，残疾人体育分为广义和狭义两种，广义的残疾人体育是指残疾人所创造的有关体育的物质财富与精神财富的总和，狭义的残疾人体育是指残疾人所特有的体育行为模式、体育心态、互动关系及体育活动方式等。"❷

卢雁教授指出："残疾人体育这个术语经常出现在残疾人体育竞赛活动中，历史上也曾使用过伤残人体育的提法，在台湾则使用残障人体育的提法，其含义泛指残疾人的竞技体育活动。在较长的一段时间里，残疾人体育与轮椅运动（wheelchair sport）、聋人运动（deaf sport）、脑性麻痹运动（CP sport）等术语替代使用。随着残疾人参与奥林匹克运动的深入，以往国际上几个残疾人

---

❶ 邓朴方. 人道主义的呼唤[M]. 北京:华夏出版社,2006.

❷ 张友琴. 社会支持与社会支持网——弱势群体社会支持的工作模式初探[J]. 社会学,2002(10).

体育组织进行了整合，残疾人的体育竞赛活动也超越了类别的界限，出现了残奥会、特奥会、聋奥会。残奥运动、特奥运动和聋奥运动成为残疾人体育竞赛活动的更为明确的术语。"❶

宋玉芳认为：残障人体育应当是残障人以身体活动为基本手段，促进其残疾的康复及身心和谐发展的社会文化活动。残障人体育与其他社会体育的区别在于残障人群体有其独特的体育行为模式、体育心态、互动关系及体育活动方式。❷

郭卫等认为残疾人体育实质上包括任何一种身体或精神上残疾的残疾人的体育活动。残疾人体育概念的界定，不以残疾人参加体育活动的目的来确定。❸

3.1.1.3 特殊体育

特殊体育也称之为特殊人体育、特殊体育教育。它是随着特殊教育的发展而出现的一个概念。主要是在特殊教育界使用的一个术语，其含义泛指特殊教育学校的体育现象。随着时代的发展，特殊体育这一概念逐渐地被"适应体育教育"这一术语所取代。❹

3.1.1.4 适应体育

随着社会的发展，人们对待残疾人以及残疾人体育的态度发生了重大的变化。适应体育这一术语的诞生就充分说明了这一点。

"适应体育（adapted physical activity）"一词最早由美国在20世纪50年代提出，是基于促进个体与生态环境的互动，以改善生活质量为目的，以身体、心理、智力发生障碍的人为主体，包括在特定时期内不能分享普通体育活动的社会成员所从事的高度个性化的体育活动和跨学科的知识体系；其实践领域涉

❶ 卢雁. 中国适应体育学科研究[M]. 北京：北京中体音像出版中心,2008.

❷ 宋玉芳. 残障人体育的社会文化意义[J]. 西安体育学院学报,2003.

❸ 郭卫,等. 残疾人体育[M]. 北京：北京体育大学出版社,2007.

❹ 卢雁. 中国适应体育学科研究[M]. 北京：北京中体音像出版中心,2008.

及适应体育教育、适应休闲娱乐、适应运动竞赛和适应运动康复。❶目前已形成比较完整的研究体系。

综上所述，残疾人体育的概念出现多解的现象。在本研究中，残疾人体育主要指残疾人竞技体育，是指残疾人个体为实现自身价值，为国争光、达到康复等目的而主动或被动参加的各种体育活动的总和。本研究所指的运动员也都是参加残疾人竞技体育的残疾人，与一般残疾人体育参与者有较大区别。

通过对残疾人竞技体育的研究，可以发现其发展过程中存在的深层次问题及其原因，并以小见大，充分发挥其示范效应和辐射作用，为促进我国残疾人体育乃至残疾人事业的发展提供理论和实践两方面的支撑。

3.1.2 中国残疾人体育历史沿革

3.1.2.1 我国残疾人体育的发展阶段

"在古代，中国就有伸展肢体，对残疾人进行康复训练的记载。春秋战国时期，已应用'导引'（呼吸训练和医疗体操）、按摩等方法治疗肌肉萎缩、行动不便、瘫痪等疾患。残疾人通过导引、推拿、按摩，达到恢复生理机能、康复健身的做法，早在成书于秦汉之间的《黄帝内经》一书中就有记载。"❷

"清末民国时期，我国的残疾人体育与教育有了一些小规模的发展。出现了一些特殊教育学校，如中国第一所特殊教育学校瞽叟同文馆（一说是启瞽明目书院）于1874年在北京成立；1887年在山东登州建立了中国第一所聋哑学校'启喑学馆'。在这些为数不多的聋哑盲人学校里，儿童们开展一些踢毽、打拳等体育娱乐活动。"❸

虽然残疾人体育的发展源远流长，但是本研究认为，新中国成立后我国残疾人体育发展才初具规模，体制等各方面逐渐健全，因此对残疾人体育发展历

---

❶ 郝传萍,等. 近20年我国适应体育研究评述[J]. 山东体育学院学报,2009(7).

❷ 郭卫,等. 残疾人体育[M]. 北京:北京体育大学出版社,2007.

❸ 卢雁. 中国适应体育学科研究[M]. 北京:北京中体音像出版中心,2008.

史的研究以新中国成立为起始为宜。

作为社会发展不可分割的一部分，在过去的六十年里，残疾人体育的发展经历了不同的发展阶段，也体现了在不同历史时期的中国社会、政治、文化状况。开展残疾人体育活动成为中国残疾人事业的一个组成部分，也是残疾人全面参与社会生活的重要途径之一。本研究综合了多位学者关于残疾人体育的历史阶段的划分，将其主要分为以下几个发展阶段。

3.1.2.1.1 新中国成立初期的起步阶段

新中国成立初期，包括盲校、聋校等特殊教育学校和社会福利工厂在内的一大批社会福利单位在沿海和内地经济发达城市建立起来。一些丰富多彩的体育活动逐渐在这些部门开展开来。残疾人通过参加体育活动，身体的各种功能器官逐渐恢复。

从20世纪50年代起，我国还多次举办了残疾人体育竞赛活动。[1]这些比赛不仅提高了残疾人的运动技术水平和参与竞争意识，而且在社会上大力宣传了残疾人顽强拼搏、自强不起的精神。

3.1.2.1.2 20世纪60~70年代的停滞阶段

20世纪50年代起步的残疾人体育事业，随着60年代"文化大革命"的开始，也毫不例外受到了毁灭性的影响，处于全面停滞的阶段。[2]

3.1.2.1.3 20世纪80年代的形成阶段

1978年改革的春风吹遍了大江南北，残疾人体育事业也在这股春风中逐渐地成长起来，全国性的残疾人体育比赛逐渐多了起来。1983年举办的伤残人体育邀请赛成为新中国成立以来我国举办的最大规模的一次残疾人运动会，为我国残疾人体育事业的发展奠定了基础。[3]1984年，中华人民共和国第一届残疾

---

[1] 郭卫,等. 残疾人体育[M]. 北京:北京体育大学出版社,2007.

[2] 郭卫,等. 残疾人体育[M]. 北京:北京体育大学出版社,2007.

[3] 郭卫,等. 残疾人体育[M]. 北京:北京体育大学出版社,2007.

人运动会在安徽合肥举行。1985年、1986年分别成立了中国弱智人体育协会、中国聋人体育协会等全国性残疾人体育组织。1987年，中华人民共和国第二届残疾人运动会在河北举行。由于这些大型比赛的举行以及残疾人组织的建立，标志着我国残疾人体育逐步开始进入制度化、规模化的发展轨道。

3.1.2.1.4 20世纪90年代以后的发展阶段

进入90年代，《中华人民共和国残疾人保障法》的颁布以法律的形式确定了残疾人的合法权利和义务。

在这一阶段，残疾人体育的发展呈现如下几个趋势。首先，残疾人群众体育运动蓬勃发展；其次，残疾人体育赛事日趋完善，除了全国残疾人运动会的如期举行外，一些单项赛事也进行得如火如荼；最后，最大的进步就是我国残疾人体育开始走向世界，我国的一些残疾人体育组织相继加入了国际残疾人奥林匹克委员会等国际组织，并选派运动员参加各项国际比赛。

3.1.2.1.5 21世纪适应体育时代

随着时代的发展，进入21世纪以来，社会和谐发展逐渐成为主旋律，"尊重、平等、分享"的观念也日益受到重视。残疾人这一特殊群体的社会境遇也正是在这种社会背景中发生着变化。一些实践领域中出现的问题也越来越受到重视，关于残疾人体育的理解也不再局限于狭小的领域之内。适应体育这一概念的普及也说明了这一点。

适应体育的发展不仅对全世界范围内社会文明程度提高，弘扬人道主义思想，构筑尊重、平等、关爱、和谐的社会环境具有积极的作用；而且还将唤起全世界残疾人进一步认识自己的权利和能力，增强平等参与意识，同时也让健全人充分认识、理解、尊重残疾人并从中受到鼓舞。

3.1.2.2 残奥运动与中国

3.1.2.2.1 残疾人奥林匹克运动的兴起与发展

残疾人奥林匹克运动始于第二次世界大战结束后的1948年。当时，英国神经外科医生路德维格·格特曼爵士和一些热心于残疾人事业的知名人士,在1948年伦敦奥运会期间组织了由轮椅运动员(多为脊椎伤残的二战老兵)参加的比赛,称为斯托克曼德维尔运动会。此后该运动会每年举行一次。

1952年,荷兰退役军人也加入了残疾人奥林匹克运动,于是成立了国际斯托克曼德维尔运动会联合会(International Stoke Mandeville Games Federation,ISMGF)。在英国的斯托克曼德维尔首次举办了国际残疾人运动会。以后该赛事固定下来,每年都举办国际斯托克曼德维尔运动会(International Stoke Mandeville Games)。至1959年,实际上已举行了8届国际残疾人运动会。

经过英国的路德维格·格特曼爵士和意大利的安东尼娅·马里奥教授为期两年的精心组织策划,1960年罗马奥运会结束两周后,来自世界23个国家的400名残疾人运动员参加了在罗马举行的第一届"残疾人奥林匹克运动会"。这届运动会后来被正式承认为第九届国际斯托克曼德维尔运动会。

1976年,国际残疾人组织决定,斯托克曼德维尔运动会与世界残疾人运动会合并,在加拿大的多伦多举办了第一届国际伤残人士奥运会,来自38个国家的1657名残疾人运动员参加了比赛。[1]而"残疾人奥林匹克运动会"(Para-lympic Games)这一称谓,一直到1984年才得到国际奥委会的正式批准。

1988年,国际奥委会决定:夏季奥运会和残奥会必须在同一城市举行。2000年,国际奥委会和国际残奥委会签署协议规定:申办奥运会的城市,必须同时申办残奥会;奥运会后一个月内,在奥运会举办城市的奥运场地举行残疾人奥运会。

目前,已经举办了13届残疾人奥运会,残奥会的规模和影响力也达到了前所未有的高度。

3.1.2.2.2 中国参加残奥会历程

与西方国家相比,我国残疾人体育起步晚,基础薄弱。1984年我国改革开

---

[1] http://www.paralympic.org/.

放刚刚起步，与其他事业一样，体育事业也是百废待兴。1984年6月，残疾人体育和健全人体育一样，重回国际赛场，组团参加了当年的奥运会和残奥会。当时，我国仅派出24名残疾人运动员参加了在美国纽约长岛举行的第7届国际夏季残奥会，两位盲人姑娘平亚丽、赵继红比我国射击运动员许海峰早一个月实现了中国人在奥运会上金牌"零的突破"。他们面对各国强手，勇于拼搏，分别夺得女子B2、B3两个级别的跳远金牌。

之后，我国又组团参加了历届残奥会（见表3.1），残奥会成绩也呈现逐届上升的势态。尤其是2008年北京残奥会的成功举办更是将残疾人体育的发展推向新的高峰，赢得了世界的好评。

表3.1　中国残疾人运动员参加历届残奥会情况统计表

年份	城市	奖牌总数	金牌数	银牌数	铜牌数	金牌榜排名
1984	斯托克曼德维尔（英国）和纽约（美国）	24	2	13	9	23
1988	汉城(今译首尔)	44	17	17	10	14
1992	巴塞罗那	25	11	7	7	12
1996	亚特兰大	39	16	13	10	9
2000	悉尼	73	34	22	17	6
2004	雅典	141	63	46	32	1
2008	北京	211	89	70	52	1

资料来源：国家残奥运动管理中心。

3.1.2.3　我国残疾人体育发展迅速的原因

由于起步晚、基础薄弱，中国残疾人体育从无到有，经历了短短二十几年的时间便两次蝉联残奥会奖牌榜第1名。应该说，中国创造了一个奇迹。那么，中国残疾人体育是怎样创造这一奇迹的呢？

3.1.2.3.1　国际社会对残疾人事业的关注

很长时间以来，残疾人群体都是社会中的弱势群体。随着经济全球化的发展，社会层面的问题日渐突出，如贫富差距加大，教育不公平现象突出，个体差异歧视等问题突出。

正是因为这些问题的日益凸显，引起了国际社会的广泛关注，并为改善这一状况采取了积极的行动。如"联合国残疾人十年"（1983~1992）的决定，《关于残疾人的世界行动纲领》决议的通过。另外，"亚太残疾人十年""欧洲残疾人十年"等关注残疾人的事业的行动在全球范围内得到广泛而迅速的发展。2006年，联合国正式通过的《残疾人权利公约》成为联合国历史上第一个内容全面的保护残疾人权利的公约。这些法律、法规等的出台使得国际社会形成了一种良好的关注残疾人的氛围。在这种氛围的影响下，中国的残疾人事业也在经历着飞速发展。

3.1.2.3.2　稳定的社会发展环境

新中国成立以来，尤其是改革开放以来，在中国共产党的领导下，中国社会安定团结，经济快速发展，人民生活水平有了大幅度的提高，社会文明程度也进一步提高，国家和社会对残疾人的关注日益增强。在邓朴方等有志之士的不懈努力下，残疾人的社会地位有了一定程度的提升，残疾人群体也不断地参与社会生活，发挥积极的作用。因此，残疾人事业的发展也会带动作为残疾人事业不可缺少的一部分的残疾人体育的发展。

3.1.2.3.3　举国体制的制度保障

中国竞技体育的发展和创造的辉煌在很大程度上要归因于举国体制的保障，残疾人体育也不例外。甚至，举国体制在残疾人体育发展的过程中发挥着更加明显的作用。随着健全人竞技体育的发展和市场的开放，其物质来源、财力保障的渠道已经不再仅仅局限于举国家之力。而残疾人体育能够取得如此大的进步主要依靠国家的支持和保障。没有了国家的支持，残疾人体育将举步维艰。

3.1.2.3.4　日益完善的政策法规的法律保障

残疾人体育的发展能够如此迅速，同样离不开相关法律法规的保障。其中，《中华人民共和国宪法》《中华人民共和国残疾人保障法》《中华人民共和国体育法》《全民健身纲要》《中国残疾人事业"十一五"发展纲要》《残疾人体育工作"十一五"实施方案》以及各地方性法规中都对残疾人体育进行了相关规定。这些法律法规的颁布为开展残疾人体育活动、提高残疾人身体素质、增强其参与社会活动的能力、丰富残疾人生活提供了法律依据。

3.1.2.3.5　较低的发展起点映衬残疾人体育发展的迅速

我国残疾人体育发展起步比较晚，基础也较薄弱。在这种情况下，任何进步的取得都是显著的。因此，在为取得的成就而自豪的同时，我们必须要保持清醒的头脑，认清当前的形势，以一种正确的态度看待残疾人竞技体育取得成绩，并努力找出不足，克服重重困难，使残疾人体育的发展朝着正确、健康的方向实现可持续发展。

总之，残疾人体育的发展正是在这种纷繁复杂的国际、国内环境中不断进步，取得了举世瞩目的成就。

3.2　参训前残疾人运动员参训途径与动机

参训前，残疾人运动员能与运动训练结缘并非一朝一夕的事情，最主要是要具备顺畅的参训途径以及强烈的参训动机。只有这两项皆具备，才能使残疾人群体有可能参与残疾人体育，从而挑选出更多适合项目发展的合格人选。那么，残疾人运动员的参训途径是否顺畅呢？他们的参训动机又是怎样的呢？本章将着重就这两个方面展开深入探讨。

3.2.1　残疾人运动员参训途径

运动员选拔是残疾人竞技体育运动发展的前提，只有挑选出适合项目发展的可塑之才，才能更好地推动该项目的发展与进步。顺畅的参与渠道可确保选拔出更多适合残疾人体育项目发展的运动员。

我国残疾人体育的发展在国际上已经有了一定的影响力。近年来，残疾人运动员的规模也越来越大（见表3.2）。❶但是，在调查的过程中，教练员们反映，能够有能力参加大赛的运动员还是较少。残疾人竞技体育领域出现新老运动员断层现象。一些运动员已经四五十岁了，还需要在国家的召唤下再次代表国家出征。这种断层现象不利于我国残疾人体育的可持续发展。因此，必须扩大残疾人体育运动员的选拔，挑选出更多适合项目可持续发展的运动员。

表3.2　2003~2007年我国残疾人体育发展基本情况

指标名称		指标单位	2003年	2004年	2005年	2006年	2007年
省级	1. 残疾人体育比赛	次	101	77	171	148	95
	2. 参加残疾人体育比赛运动员	人次	9047	8205	13110	17585	10157
	3. 省级残疾人体育基地	个	75	95	126	175	199
市（地）级	1. 残疾人体育比赛	次	665	537	828	771	838
	2. 参加残疾人体育比赛运动员	人次	25935	27926	49507	53588	51975
相对稳定的教练员		人	1300	1480	1601	1864	1988

3.2.1.1　残疾人运动员参与运动训练信息匮乏

要确保残疾人顺利地参与运动训练，首先要确保其能够顺利地获得相关参与信息，并在相关信息的指导下参与进来。这既包括媒体的宣传，也包括残疾人相关组织、残疾人体育组织等的大力宣传。然而在调查过程中发现，残疾人运动员获得相关信息的渠道并不顺畅，且获得途径比较狭窄（见表3.3），从而

❶ 中国残疾人联合会. 中国残疾人事业主要业务发展情况(2003~2007年)——体育[EB/OL].(2009-05-08) [2009-12-15]. http://www.gov.cn/fwxx/cjr/content_1308380.htm.

导致他们参与运动训练的途径阻碍重重。

表3.3 残疾人运动员获得参训信息的途径（*N*=67）

途径	频数	百分比/%
各级残联	18	26.9
媒体	4	5.9
残疾人体育组织	16	23.9
自己主动获得	3	4.5
他人介绍	11	16.4
没有获得信息，只是偶然被发现	15	22.4

3.2.1.1.1 残疾人相关组织的宣传不力

1988年3月是中国残疾人事业发展历史上的一个重要时刻，中国残疾人联合会（以下简称"中国残联"）正式成立。中国残联是经国家法律确认、国务院批准的各类残疾人的全国性统一组织，代表残疾人的共同利益，维护残疾人的合法权益，推动和发展残疾人事业，为残疾人服务。为了加强对残疾人事业的领导和协调，1993年9月底国务院设立了国务院残疾人工作协调委员会。随之，地方各级人民政府也相继设立了政府残疾人工作协调委员会，旨在构建一套较为完整的残疾人工作组织体系：即以政府为主导，以残疾人社会团体为联系纽带，以街道、乡镇、企事业单位为基础，以家庭、邻里为依托的结构体系。

相关组织建立起来后，在推动残疾人事业发展方面起到了至关重要的作用。其中努力宣传国家制定的优惠政策、法律、法规，让管辖内的每一位残疾人感受到国家对他们的关怀和关注是他们的义务之一。然而，由于种种条件限制，在调查过程中（见表3.3），只有26.9%的残疾人运动员享受到这一服务，而多数人对出台的一些政策或相关参与途径并不知晓。尤其是边远地区和基层的运动员几乎处于边缘状态。在一定程度上说明了各级残联工作覆盖不够全面，基层建设还存在很大的问题，对相关政策的宣传还存在一定问题。

3.2.1.1.2 媒体宣传不力及获得信息权利不平等

随着社会的发展和各种新型媒体的开发，媒体在社会中的功能越来越不容忽视。残疾人事业的发展同样离不开媒体的积极宣传。

然而，媒体的使用也不是无偿的，媒体的存活也是以其商业价值为依据的。这就导致了媒体商业化现象严重。而相比之下，残疾人事业、残疾人体育这个"赔钱"的买卖，其吸引媒体目光的能力就逊色许多。在当今社会，媒体对残疾人群体的报道也多以公益的视角，而真正地、客观地、全面地对他们的报道却少之又少。

通过表3.4看来，媒体并没有充分发挥其功能，只有极少数（5.9%）运动员是在媒体的宣传下获得相关参与信息的。而导致这一状况的原因，除了媒体宣传不力之外，无障碍信息和网络建设的落后也需承担不可推卸的责任（见表3.4），主要表现在以下几个方面。

表3.4　残疾人运动员对信息技术无障碍环境建设的满意度（N=67）

满意度	频数	百分比/%
一点都不满意	21	31.4
不满意	20	30.0
一般	15	22.3
比较满意	7	10.3
非常满意	4	6.0

首先，在当今信息交流日益密切的今天，信息技术无障碍建设也在残疾人平等参与社会生活方面发挥着重要的作用。信息无障碍实质上是指信息资源的设计者、开发者以及发布者，要充分考虑到信息需求者的信息需求和访问的便利性。❶然而，对于那些训练多年的残疾人来说，他们获得信息的途径还是主

---

❶ 蔡禾,等. 关注弱势——城市残疾人群体研究[M]. 北京:社会科学文献出版社,2008.

要凭借比较传统的交流手段，如报纸、广播等。多数人并未享受到无障碍信息交流设施带来的便利。

随着时代的发展，信息交流的手段也日益发达，一些高科技产品更是如雨后春笋般涌现。但是这些高科技产品的研制和开发还是多倾向于健全人的。开发商、生产商由于追逐更大的市场，因此也就不会过多地考虑到残疾人群体的特殊需求。例如，手机已经成为我们必备的通信工具，但是对于一些盲人来说却是难以逾越的鸿沟。对于那些只是弱视的人来说，还可以勉强使用。而对于那些全盲或视力极低的盲人来说，使用手机就非常不方便，甚至是不可能的事情。即使为他们研制出专门的盲人专用手机，他们也会因为价格昂贵而被拒之于门外。这实际上也在一定程度上剥夺了他们平等进行信息交流的权利。

其次，信息建设无障碍的另一层含义还包括网络无障碍建设。如今，网络对人们日常生活的影响日益明显，但这也是近几年的事情。同样，一些参训年限较长的运动员或者是身居比较贫穷地区的运动员在参训之前接触网络的机会非常少。对他们来说，能有幸摸摸计算机已经是令他们非常兴奋的事情了，他们也不会过多地在意是否无障碍。而对于比较年轻的运动员或是有条件较早地接触网络的运动员，尤其是对视力有残疾、有学习障碍的运动员来说，他们在最初上网的时候也会遇到重重阻碍。

随着社会的进步以及对残疾人关注度的提高，网络无障碍不再是一种奢侈。但是，网站设计者的设计理念多定位在身心正常的、具备一定计算机技能的、拥有主流硬件和软件配置的用户，而没有考虑到残疾人群在访问网站上信息资源的时候可能会遇到障碍（见表3.5）。从而有意无意地将这部分社会中的弱势群体排斥在信息接受者之外，造成信息的不平等。

表3.5　残疾人运动员对网络无障碍建设的满意度（*N*=67）

满意度	频数	百分比/%
一点都不满意	23	34.3
不满意	15	22.4

续表

满意度	频数	百分比/%
一般	16	23.9
比较满意	10	14.9
非常满意	3	4.5

3.2.1.1.3　残疾人体育部门对残疾人体育的宣传不到位

在很多教练为选拔运动员而烦恼不已的同时，相关残疾人体育部门也应好好考虑自己的责任。从残疾人运动员获得参训信息的途径来看，通过残疾人体育组织获得的只占到了23.9%。这说明当地残疾人体育部门并未充分发挥自身的作用。另外，主动联系相关残疾人体育部门的只有3个人。这一数字一方面说明，残疾人主动性不高；而另一方面通过询问得知，他们并不知道通过何种途径与残疾人体育部门进行联系。对于残疾人体育部门来说，自己单方面去寻找天赋运动员，无疑是大海捞针，收获较小。但是如能充分调动残疾人自身的主观能动性，主动联系，效果就明显得多。因此，对于残疾人体育组织来说，要想选拔出更多优秀的运动员，必须要拓宽残疾人运动员选材渠道；要使更多的普通残疾人参与到体育锻炼中来，必须保持信息畅通，加强参加途径的宣传。

3.2.1.2　残疾人运动员参训途径

其参训途径如表3.6所示。

表3.6　残疾人运动员参加运动训练的途径（N=67）

参训途径	频数	百分比/%
偶然机会被教练看中	15	22.4
由相关组织选拔,因表现突出而被选中	37	55.2
经人推荐、介绍	11	16.4
自己主动与残疾人体育队伍联系	3	4.5
其他	1	1.5

3.2.1.2.1　残疾人运动员选拔制度的缺失

从残疾人运动员参与运动训练的途径来看，关于残疾人运动员的选拔存在较大的偶然性、被动性，并没有建立相应的选拔机制。

残疾人运动员的选拔工作是一项系统工程，它涉及各级残联、体育、教育部门及社会的方方面面，因此，关键是要有一个好的工作运行机制，上下联动，职责明确，分工协作，共同为残疾人体育贡献力量。然而，残疾人运动员的选拔工作的联动机制还尚未建成，不利于残疾人体育的开展，也无法让更多的残疾人参与到体育锻炼中。正因为无法按期选拔和有计划地培养，从而造成了很多省市残疾人运动员青黄不接的被动局面。

3.2.1.2.2　残疾人运动员参与运动训练阻碍重重

3.2.1.2.2.1　运动训练自身风险使残疾人望而却步

由于对残疾人体育不甚了解，很多残疾人或其家长不愿其参与到运动训练中来。在他们看来，残疾已经给他们带来很大的痛苦了，不想让他们继续受苦去参加运动训练。更何况，参加运动训练就意味着产生伤病的概率会越大。他们宁愿在家无事可做，也不会选择参加运动训练。在调查过程中，上海体训中心一位教练员就认为这一原因是导致上海队很难在本市挑选出合格运动员的重要原因之一。

3.2.1.2.2.2　残疾人体育特殊性需求对运动员要求严格

残疾人体育特殊需求对运动员身体条件要求比较严格，很难找到符合项目要求的运动员。与健全人体育相比，残疾人体育有其显著的特性。而且由于残疾部位、残疾程度的不同会直接影响运动成绩的高低。因此，要想选拔出残疾程度轻，而其所属的医学分级又有利于其取得更好成绩的运动员，的确存在很大的困难。

3.2.1.2.2.3　主动联系残疾人体育队伍的残疾人少之又少

主动联系残疾人体育队伍的残疾人少之又少，使得运动员选拔处于被动的局面。对于运动队来说，优胜劣汰、更新换代是再平常不过的事情了。当需要填补新队员的时候，由相关组织组织选拔是非常有效的一种途径。但是残疾人不一定都希望或愿意成为一名残疾人运动员。与其处于被动地位，如果喜欢或希望参加到残疾人体育，愿意为残疾人体育做贡献的人能够主动地联系相关的队伍则是更为有效的一种途径。但是现在能够利用这种途径参加运动训练的人是少之又少。其原因有以下几点。

（1）残疾人对残疾人体育不甚了解。残疾人运动员的选拔与健全人运动员截然不同。健全人竞技体育的三级训练网体系为健全人运动员的输送提供了优秀的、源源不断的运动员人才。被选中的运动员都具备体育天赋。对于更高层级的运动员来说，他们能进入省队、国家队都是经过多年的训练。但是残疾人运动员的选拔就不是如此了。在参训前，90%的运动员对于残疾人体育了解甚少。尤其是对于那些后天因为意外事故残疾的运动员来说，他们对残疾人体育更是知之甚少，自己更没有想到有朝一日会成为一名残疾人运动员。

（2）由于残疾人体育的特点，早选材更利于优秀运动员的培养。因此，在参与运动训练前，他们绝大多数是在上学，或者是忙于工作。他们的生活重心并没有围绕体育运动展开。对于他们来说，体育是可有可无的。

（3）即使他们想参加体育锻炼，无障碍环境建设存在的不足（见表3.7）也使他们很难走出家门或是参与体育锻炼。无障碍环境的建设在很大程度上影响了残疾人群体参与体育锻炼的可能性。因为在调查过程中，对于那些生活在比较贫穷的农村或山区的运动员来说，他们天天走的路是崎岖不平的土路、山路，起码的出行需求都得不到满足，修建参与体育锻炼的场地、设施的可能性就更小了。生长在大城市的残疾人的生活环境要比农村残疾人优越，但是仍达不到完全无障碍的程度。一些体育场地、设施的修建完全只是为了满足健全人的需求，并没有过多照顾到残疾人群体。因此，这种不利客观环境的存在就大大减小了他们参与体育锻炼的可能性。

表3.7 残疾人运动员对物质无障碍环境的满意度（N=67）

满意度	频数	百分比/%
一点都不满意	12	17.9
不满意	4	6.0
一般	39	58.2
比较满意	9	13.4
非常满意	3	4.5

因此，正是因为以上条件的限制，使他们缺乏运动基础。由于没有接触，他们对于这些项目及规则也都是毫不知晓的。

另外，残疾人不知道通过怎样的途径与相关部门联系。这在调查过程中是一种比较普遍的现象。并且，他们缺乏联系勇气，对自己缺乏信心；联系通道不畅通。

这几种原因，使得运动员选拔处于被动地位。在偏远地区残疾人当中选拔运动员更如大海捞针。很多教练员都希望有此志向的残疾人积极地与他们联系参与选拔。当然，这也要求渴望吸收新运动员的队伍能够扩展联系渠道，保持联系渠道的畅通。

3.2.1.2.2.4　经济条件的制约导致残疾人运动员队伍难以扩充

残疾人体育的发展离不开雄厚的经济支持。经济的发展水平也会在很大程度上制约残疾人体育事业的发展。在调查中发现，残疾人体育的发展存在明显的地区差异。无论是开展的项目还是运动员人数等，一些经济发达城市的残疾人体育的发展状况要远远好于经济落后地区的状况。因此，一些经费不足的队伍，如云南省轮椅击剑队，他们为了能够维持现状，即使队伍出现断层急需引进新队员，也会因资金不足放弃引进。这是不利于项目的可持续发展的。

总之，正是以上几个原因的存在，使得残疾人运动员参训之路困难重重，也导致部分省市的残疾人体育运动员人才缺乏。事实上，在我国有8300万残疾人，如此庞大的人群中不乏体育方面的人才。但要在如此庞大的人群中发现具有潜力的人才，必须要有相关部门的协助和组织，加强对残疾人体育的宣传，保持联系通道的畅通，更重要的是制定相关的政策解决运动员的后顾之忧。

3.2.2 残疾人运动员参与运动训练动机分析

3.2.2.1 案例陈述

A先生，轮椅篮球运动员，初中学历，曾经是名建筑工人。2004年，由于电梯故障，他从9楼坠落摔伤，导致高位截瘫。突如其来的打击使他的心理达到崩溃的边缘。最初，他非常颓废，认为自己是个废人了，什么都干不了了，对以后的生活完全失去信心。这样的心态一直持续了很长一段时间。由于自己无经济来源，只能依靠父母养活。在好心人的帮助下，他通过社会捐款和低保费筹集医疗费用。他通过医院大夫介绍给现在的教练，成为一名轮椅篮球运动员，但是之前对残疾人体育并不了解。

B先生，轮椅橄榄球运动员，高位截瘫，大专学历，农民。突如其来的打击使他长达4年的时间都无法接受这样的事实，整日在家，与社会完全脱节，对生活完全丧失信心。治病的费用完全依靠父母或向亲戚朋友借，生活非常困难。在博爱医院，他被教练选中参与到残疾人体育中来。他之前对残疾人体育并不了解。

C先生，田径运动员，脑瘫，初中学历，无工作。由于是先天残疾，因此他从小就受到别人的歧视。他自己认为别人都在用异样的眼光看待他。因此，他十分悲观，不愿与人交流。他在农民家庭成长，父亲靠做点小买卖维持家用，母亲务农。但为了帮助他治病，已经花费高昂的医疗费用。有一次，村里通知所有具有残疾证的适龄人参加市、区的层层选拔，结果他被选中。他刚开始踢足球时，一个偶然的机会教练发现他跑得很快，就建议他从事田径项目。

另外，通过更大规模的调查发现（对67名残疾人运动员的调查），90%以上的运动员都与这三位运动员有着相似的生活境遇。也正是因为他们不满足于当时的生活状况，才促使他们选择运动训练这条路，以满足各自不同的动机。那么，是什么动机促使他们参与运动训练的呢？

残疾人运动员能与体育运动训练结缘并非一朝一夕的事情，也不是一个简单的因素所能左右的。相反，他们能够参加到运动训练中来是在各自不同动机的促使下实现的。

动机是推动一个人进行活动的心理动因或内部动力。它的基本含义是：能引起并维持人的活动，将该活动导向一定目标，以满足个体的念头、愿望或理想等。❶一般说来，动机有三个作用，分别是始发作用、指向或选择作用以及强化作用。它主要是从方向和强度两个方面来影响个体做出选择。而影响动机的强度和方向的主要因素则是人的内部需要和源于人的外部条件。其中内因是主要的，外因通过内因起作用。某一时刻最强烈的需要构成最强的动机，而最强的动机决定人的行为。

表3.8包含的10条动机中，属于内因的是"满足自己的爱好""希望通过体育训练改善自己身体状况""为残疾人体育事业做贡献""认为是一条出路，可以改变自己的命运""证明自身的价值""与其在家什么都不干，不如参加训练"。从表3.8的数据可以看出，排名靠前的几项动机"认为是一条出路，可以改变自己的命运""希望通过运动训练改善自己身体状况"和"证明自身的价值"都是内因的作用。

表3.8　残疾人运动员参加运动训练的动机（$N=67$）

动机	频数	百分比/%
认为是一条出路，可以改变自己的命运	41	61.2
希望通过运动训练改善自己身体状况	34	50.7
证明自身的价值	29	43.3
榜样的作用	20	29.9

---

❶ 黄西庭,张力为,等. 运动心理学[M]. 上海:华东师范大学出版社,2003.

续表

动机	频数	百分比/%
为残疾人体育事业做贡献	20	29.9
满足自己的爱好	17	25.4
与其在家什么都不干，不如参加训练	16	23.9
目标不明确	13	19.4
别人认为我适合练体育就参加了	8	11.9
身边朋友参加了，受其影响	2	3.0

3.2.2.2　参加残疾人运动训练主要为改善自身现有状况

从参训动机来看，首先，大部分人都希望通过参与训练改变自己现有状况。这说明现有的生存状况根本无法满足他们自身的需求。对他们来说，残疾已经是不可改变的事实。但是他们没有向自己的命运低头，而是希望利用自己在体育方面的天赋帮助自己改变现在的境况。尤其是随着比赛奖金的日益增多，一个残奥会冠军给他们带来的改变除了精神上的满足之外，还有丰厚的物质奖励。在这种强大的吸引力面前，他们又拥有这样的机会参与训练，这使得他们改变自己命运的动机更加地强烈，从而毫不犹豫地参加运动训练。那么，参训前，他们的生存状况到底如何呢？

3.2.2.2.1　残疾人运动员另辟他径满足其心理需求

3.2.2.2.1.1　残疾人运动员社会角色的转变

社会角色理论（role theory）认为，个体在社会环境、工作职务或自身状况等发生改变时，其心理、行为也相应地发生变化，并产生与其新的社会角色相一致的心理和行为反应。[●]当一个人知道残疾的那一刻，他本应扮演的相关社会角色也会发生转变。由于各种社会角色的转变，当他们逐渐地进入目前的角

● 中国大百科全书出版社编辑部. 中国大百科全书:心理学[M]. 北京:中国大百科全书出版社,1991.

色并意识到自己身体的残疾会对以后的生活造成严重的影响后，他们的心理可能会因此产生很大的变化（见图3.1）。

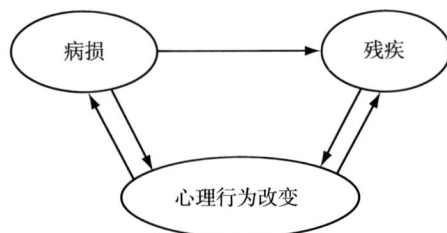

图3.1　残疾人心理变化规律

3.2.2.2.1.1.1　身体的变化使其成为与残疾和自己作斗争的"勇士"

对他们来说，残疾给他们的身体带来的变化是最明显的。从一个本应拥有健全身体的人变成生活受到种种限制、甚至不能自理的残疾人，这种打击是巨大的。对于那些意志力薄弱的人来说，这种打击甚至是毁灭性的，从而导致了严重心理问题。B先生就是这样一位。突如其来的打击使他长达4年的时间都无法接受这样的事实，整日在家，与社会完全脱节，对生活完全丧失信心。

正是因为身体上的巨大变化也迫使他们以后的生活重心也不得不发生改变。他们所面临的最重要的困难是克服自己身心上的种种障碍，成为一名与残疾和自己作斗争的"勇士"，而其他的所有梦想必定要退居二位。

3.2.2.2.1.1.2　身体的变化使其成为生活环境的"屈服者"

无论谁，无论何种原因致残，在残疾的最初阶段，他们都要花费相当长一段时间留在医院接受治疗或康复训练。尤其是对于后天残疾的人来说，原来的单位、学校、家庭等被医院、病房、训练室取而代之；交往的对象也由原来的家人、同事、同学、亲戚、朋友变成医生、护士、训练师和病友。生活环境发生了很大的变化，而这又是他们无法选择和改变的，只能默默地屈服、接受已有的事实。

3.2.2.2.1.1.3 身体的变化使其成为已有社会角色的"抛弃者"

对于那些后天致残的人来说，意外的残疾使他们成为已有社会角色的"抛弃者"。由于伤残，很长一段时间内他们不得不放弃已有的工作或学习，有的甚至再也不能回到原来的工作岗位或学校继续以前的生活。同时，由于残疾，其社交范围缩小、社会活动减少、活动受限，所扮演的社会角色从原来的教师、经理或学生等变为一名残疾人。这对他们来说也是难以接受的现实。北京市轮椅篮球队员 D 先生、E 先生，致残前分别是技术工人和建筑工人，致残后，由于身体限制，再也无法回到原来的工作岗位。直到参训前，他们都属于失业状态。事实上，像 D 先生和 E 先生如此境遇的人数不胜数，致残后能够回到原来工作岗位几乎是不可能的事情。

3.2.2.2.1.1.4 身体的变化使其成为家庭角色的"改变者"

伤残后，他们的家庭地位、在家庭中的作用、承担家庭义务的能力以及主要家庭关系都会发生很大变化。尤其是在家庭中扮演重要角色的人面临的角色转换更为突出。例如夫妻关系，在伤残前，夫妻双方共同经营家庭，共同照顾父母、抚养子女，共同承担家庭义务；而一方残疾后，不仅所有的家庭重担都要由另一方承担，而且还要照顾残疾的一方，他们从原来照顾别人转变成被人照顾。这正是因为其身体发生的变化而推动了整个家庭角色的转变。云南省轮椅击剑队的一名队员大学毕业后因车祸致残。原本可以成为家庭主要支柱的他，却成为了家庭的巨大负担，家庭角色出现了大转变。

3.2.2.2.1.1.5 身体的变化使其成为经济负担的"加重者"

致残后，由于他们会完全丧失或部分丧失社会劳动能力，所以有的人可能没有任何经济收入或经济收入会明显降低，这使他们成为家庭经济负担的"加重者"。表3.9是他们主要经济来源情况。

表3.9　残疾人运动员主要经济来源情况（N=67）

主要经济来源	频数	百分比/%
依靠父母养活	53	79.1
最低生活保障	9	13.4
好心人资助	1	1.5
工资收入	7	10.4
其他收入	2	3.0

通过表3.9可以看出，参训前，有工资收入及其他收入的人只占（13.4%），79.1%的人需要依靠父母生活，成为父母极大的负担。而先天性残疾的人更是使得整个家庭的生活困难重重。

其次，在这个漫长的治疗和康复过程中，他们还要支付各种高昂的治疗、训练等费用（见表3.10）。这就使经济负担沉重的家庭更加沉重。

表3.10　残疾人运动员医疗费用支付者情况（N=67）

支付者	频数	百分比/%
父母	45	67.2
单位	5	7.5
政府救助	3	4.5
肇事者	1	1.5
保险公司	13	19.4

在治疗的过程中，无论是先天残疾还是后天因为种种原因导致的残疾，他们都需要支付巨额的医疗费用。对于普通的家庭来说，这无疑是一种沉重的负担。在调查的过程中，90%以上的残疾人运动员在谈起这一话题时，都表现得非常无奈。残疾给他们人生和家庭带来的打击固然是巨大的，但是因为残疾而需支付的医疗费用的重担也是"毫不示弱"。需要自己筹集医疗费用的人几乎都是债台高筑，被债务压得透不过气来。D先生的家人为了给他治疗，欠债已

达十几万。

即使对于那些因公或由肇事者支付医疗费用的人来说，他们获得医疗费用的过程中也不是十分轻松的。他们也需要不断地和自己所在的单位协商或者是与肇事者谈判。协商谈判不成，还需要借助法律手段。这也是一种痛苦的煎熬过程。

从表3.10可以看出，67.2%的运动员都是依靠父母去筹集医疗费用，这就让已经非常不幸的家庭更加不堪重负。

因此，由于没有经济来源，却还要成为高消费者，双重的重担使他们成为家庭经济负担的"加重者"。

3.2.2.2.1.2　残疾人运动员社会角色的转变导致的心理问题

3.2.2.2.1.2.1　残疾人运动员精神健康状况值得关注

精神因素是人们健康不可缺少的组成部分，精神因素的核心就是驱动人们去寻找生命的意义和目的。世界卫生组织（WHO）在2004年的总结报告中把精神健康的内涵概括为：积极的情绪和情感、包含自信和控制能力的人格特征、面对困难处境的抗逆力以及处理生活压力的能力。

通过A、B、C三位当事人的情况来看，即使是乐观主义者，在遭遇如此巨大的人生挫折后，他们的精神健康状况也难以乐观。对于他们来说，每个人都经历了巨大的精神痛苦才逐渐面对自己新的人生。唯一不同的只是时间长短的问题。在此基础上，笔者又对另外67名运动员的"生活的信心度"和"生活困难的克服程度"进行调查主要得出以下结论。

生理上的种种缺陷，使他们在学习、工作、就业等各方面都面临重重困难。而且，由于现实生活中的种种限制，他们大部分人又得不到足够的支持和帮助，甚至遭到厌弃或歧视。这都导致了他们中25.4%的人对以后的生活缺乏信心，而36%的人很难克服残疾给生活带来的种种困难，对以后的生活束手无策；另外，有37.3%的人抱着得过且过的心理面对将来的生活，而31.3%的人需要在别人和社会的帮助和支持下才能克服生活中面临的种种困难（见表

3.11、表3.12）。

表3.11　残疾人运动员对生活的信心度（N=67）

信心度	频数	百分比/%
非常没信心	10	14.9
比较没信心	3	4.5
没信心	4	6.0
一般	25	37.3
有信心	10	14.9
比较有信心	5	7.5
非常有信心	10	14.9

表3.12　残疾人运动员对生活困难的克服程度（N=67）

克服度	频数	百分比/%
非常难以克服	16	23.9
比较难以克服	2	3.0
难以克服	6	9.0
一般	21	31.3
容易克服	8	11.9
比较容易克服	5	7.5
非常容易克服	9	13.4

但需要注意的是，从表3.11、表3.12也可以看出，并非所有人都对生活失去了信心，也并非所有人都难以克服生活中的困难，还有37.3%的人仍然对将来的生活抱有较大的希望，32.8%的人能够依靠自己的努力克服困难，而并不像大多人想象的那样他们完全处于一种自卑、消极的状态中面对自己的残疾以及将来的生活。

3.2.2.2.1.2.2 残疾人运动员对生活的满意度差强人意

生活满意度也是幸福感的一个重要维度，它是指个体基于自身设定的标准对其生活质量所做出的主观评价。它是反映个体生活质量的重要心理学参数，包括对过去、现在、将来生活的评价和展望。❶它不仅受外部环境影响，更受个人认知因素的影响。

残疾后，残疾人运动员的生活会遇到种种不便与困难，这是不争的事实。对于生活的变故，不同的应对方式对生活满意度有不同程度的影响。应对方式在心理应激中起着重要的调节作用，不同的应对方式会导致不同的心理反应。❷

从表3.13可以看出，他们对生活的满意度只能是差强人意。对生活不满的人占调查总人数的28.4%，还有37.3%的人对当时的生活持折中态度，但也无法达到令他们满意的程度。这说明有65.7%的人的生活都存在或多或少的困难，如日常生活无法自理、受教育和就业受歧视等。由于对生活的满意度不容乐观，他们必定会产生抱怨、焦虑、抑郁等不良情绪，对未来的生活丧失信心。

表3.13　残疾人运动员对生活的满意度（N=67）

满意度	频数	百分比/%
非常不满意	10	14.9
比较不满意	3	4.5
不满意	6	9.0
一般	25	37.3
满意	4	6.0
比较满意	11	16.4
非常满意	8	11.9

❶ 王鹏,等. 高龄医生生活满意度及影响因素分析[J]. 中国民康医学杂志,2004(16).

❷ 张丽. 残疾人社会支持、应对方式和生活满意度的关系[J]. 中国康复理论与实践,2008(9).

3.2.2.2.1.3　心理康复制度的缺失促其另辟他径实现心理康复

从制度的视角来看，目前我国针对残疾人群体提供的支持大都集中在物质方面，如最低生活保障、社会救济等。不可否认，物质方面的帮助对于残疾人来说至关重要。但是，物质的贫困并不是贫困的全部内涵，仅仅在物质层面关注残疾人的问题是不够的。❶

目前，我国针对残疾人问题制定的相关制度主要包括：最低生活保障制度，主要是针对生活在贫困线下的残疾人及其家人制定的；重残补贴制度，主要是经济较发达城市针对一级、二级残疾程度的残疾人实行的补贴制度；按比例安排就业制度，主要是为了保障用人单位招聘一定比例的残疾人就业，扩大残疾人就业率而制定的，等等。从这些制度来看，它们都是对残疾人提供的物质方面的制度保障。而关于残疾人精神和心理方面的制度还未出台。因此，残疾人心理问题的出现与对残疾人精神领域关注不够以及支持性的制度缺失密切相关。

因此，当残疾人运动员遭遇社会角色的转变而导致心理问题严重时，心理康复却未能发挥其作用。而作为残疾人个体来说，他们也需要心理的释放和寄托，他们需要一种更好的途径来实现心理的满足，恰巧残疾人体育可以担当此使命。李艳在《残疾人参与体育运动的状况与心理效益》一文中认为，"体育为残疾人提供了增强自信心的机会；提供了增强适应力的机会；有助于防止或降低抑郁；有助于防止或减少隐居式的生活；提供了获得乐趣、享受生活、体验充实与满意的机会；有助于残疾人更积极地投入其他的教育或训练性的活动中"。❷所以，满足心理上的需求这一动机促使他们参与运动训练。

3.2.2.2.2　社会保障制度的不完善促其另寻他路自食其力

3.2.2.2.2.1　残疾人运动员就业困难重重促其另谋生路

在计划经济阶段，残疾人的生活虽然也存在很多的问题，但是我国建立了

---

❶ 李俊. 相对剥夺理论与弱势群体的心理疏导机制[J]. 社会科学，2004（4）.

❷ 李艳. 残疾人参与体育运动的状况与心理效益[J]. 解放军体育学院学报，2000（12）.

众多福利企业，用来集中安置残疾人就业。这些国家兴办的福利企业，不仅解决了残疾人就业问题，同时由于福利企业有利于残疾人间的沟通和交流，他们的婚姻问题也得到了有效解决。由于生活有了保障，还享受到家庭的温暖，残疾人的自卑感等问题也就迎刃而解了。

然而，随着社会的发展，原来的计划经济已不再适应经济发展的需要，由市场经济取而代之。由于市场经济的引入，残疾人受到的冲击是巨大的。最明显的变化就是他们在很大程度上失去了市场竞争力。在竞争日益激烈的当今，他们无法与健全人形成竞争。而且解决残疾人就业的福利企业也面临巨大的挑战，很多企业由于无法抵挡市场的竞争而破产或濒临破产，这就大大地危及残疾人的就业，使他们的就业之路困难重重。这主要呈现为以下特点。

3.2.2.2.2.1.1　就业类型以体力劳动为主

从表3.14可以看出，有89.6%的人在参训前没有参加工作，参加工作的人主要以体力劳动者为主。

表3.14　残疾人运动员从事的工作类型情况（N=67）

类型	频数	百分比/%
专业技术人员	1	1.5
工交运输邮电	1	1.5
商业服务业	1	1.5
农林牧副渔	2	3.0
其他	2	3.0
无工作	60	89.6

3.2.2.2.2.1.2　就业途径狭窄

从他们获得工作的途径来看，参加运动训练前，他们能参加工作主要还是靠某一单位内的所谓"好心人"帮忙联系。在调查过程中，有位调查对象反映，要想被顺利安排就业，并能安排到比较好的单位就业，没有别人的帮忙是非常困难的。另外，从表3.15来看，国家所提倡的集中就业形式并没有得到很好的实践。

表3.15　残疾人运动员获得工作的途径（N=67）

途径	频数	百分比/%
按比例安置就业	2	3.0
集中就业	1	1.5
好心人介绍	4	6.0
没有工作	60	89.6

3.2.2.2.2.1.3　职业技能培训开展不够广泛

在整个残疾人就业过程中，职业康复是使残疾人真正回归社会并以其独立的人格和经济地位参与社会生活的重要手段。职业康复可以帮助每一个残疾人成为社会财富的创造者，借助于职业康复，具备一定职业能力的残疾人才能实现真正的回归社会。它针对的对象是满法定年龄、病情基本稳定、有就业欲望的残疾人。根据国际劳工组织对职业康复内容的概括，职业康复主要包括职业评定、职业咨询、职业培训、职业指导和残疾管理。其中，职业培训对于残疾人顺利就业则更为重要。所谓职业培训是指对有一定的就业条件而未就业、需转换职业和已就业需要提高技术水平的残疾人进行的职业技能训练。❶

从表3.16的情况来看，在参加训练前，他们当中参与职业技能培训的人数仅为15人，绝大多数人（77.6%）没有职业技能培训的经历。根据职业培训的定义推算，难道他们没有就业能力了？难道他们不想工作？还是因为他们根本就不知道有职业培训这回事？当然，由于地区差异和个人差异所在，导致这一现象的原因也是错综复杂的（见表3.17）。

---

❶ 卓彩琴. 残疾人社会工作[M]. 广州：华南理工大学出版社，2008.

表3.16 残疾人运动员是否参加职业技能培训（N=67）

是否参加培训	频数	百分比/%
是	15	22.4
否	52	77.6

表3.17 残疾人运动员没有参加职业技能培训的原因（N=52）

原因	频数	百分比/%
不知道去哪里学	30	57.6
认为学了也没用	8	15.4
种类太少，没有自己感兴趣的	6	11.5
培训班质量不高	4	7.7
交不起学费	7	13.5
其他原因	1	1.9

通过统计分析，首先，他们大部分人没有参加职业培训的最主要原因是不知道去哪里参加培训。出现这种情况，责任就不在残疾人自身了，而是相关服务部门。是他们根本没有开展这样的培训，或者是宣传渠道不够广泛，又或者根本没有宣传，从而导致了这一情况的出现。

其次，残疾人自身认为培训对于就业的效果并不明显，因此也就不会浪费时间去参加培训了。他们能有这种心理，一方面是因为目前整个残疾人就业形势非常不乐观。在调查过程中，有不止一个人说过："大学生、研究生都找不到工作，我们怎么去跟这些人竞争啊！"另一方面，是因为他们认为参加培训和就业根本不存在因果关系。他们的周围并不乏参加过培训并掌握技术，却仍找不到工作的案例。看到这种情况，他们心理更是不平衡，甚至绝望。这种心态的存在必然会导致他们对职业培训的积极性降至冰点。

再次，支付不起学费也是导致他们被拒之门外的原因。由于目前进行的职业培训并不是完全免费。一些残疾人家庭生活还成问题，肯定不会花钱去参加职业培训。

另外，职业培训种类太少，学的人太多，达到了饱和，这就失去了竞争力，因此也就没有学的必要了。调查中，残疾人运动员就反映，要么就学点真本事，不要一窝蜂都去学一样的，这样才能在竞争中取胜。

同时，职业培训质量不高也会使他们对职业培训产生怀疑。其实，他们非常注重培训班的口碑宣传。如果去学的人都做出较高评价，他们就会有前去参加的动力。反之，自然会影响他们参与的积极性。另外，通过浏览上海市残疾人联合会网站上关于职业培训的介绍，他们培训的天数都非常短暂，平均只有20天左右。这也在一定程度上影响了培训的质量。而一些培训项目的开展要涉及专门的设备、仪器。培训期间，培训部门可以提供。但是，培训完毕后，并不是所有的残疾人都有能力拥有同样的设备供练习使用。如果不加以练习，久而久之自会对所学的技术生疏，根本达不到培训的目的。

最后一个原因要归结于这些残疾人的年龄了。由于他们中很多人还在上学或是虽已辍学但仍达不到职业培训的年龄，所以也导致一部分人没有参加职业培训。

3.2.2.2.2.1.4　残疾人运动员无法就业原因分析

在整个就业形势的影响下，具体导致他们没有工作的原因是什么呢？具体原因详见表3.18所示。

表3.18　残疾人运动员无法就业的原因（N=60）

原因	频数	百分比/%
丧失劳动能力	6	10.0
自己不愿去工作，怕别人歧视	3	5.0
没有找到合适的工作	4	6.7
一些单位拒绝录用残疾人	7	11.7
没来得及找工作就参加运动训练了	39	65.0
其他原因	8	15.0

表3.18显示，首先，大部分运动员（65.0%）是因为"还没来得及找工作就参加到训练中来了"。与其他领域相比，体育人才的培养大都要求选材要早，残疾人体育运动员也不例外。因此，很多运动员在表现出有一定的体育天赋的时候就被选拔出来参加运动训练了。这也是为什么他们的平均年龄只有22岁，但是大都已经有5~8年的训练年限的原因了。其中，最小的运动员只有13岁。也正是在很小的时候就被选拔参加训练了，他们当时还达不到法定的年龄去找工作，所以很多人在参训前都没有参加工作。另外一种情况就是一部分运动员是在达到法定就业年龄的时候残疾的。由于突然的事故，导致他们的就业之路被迫中断。正是以上种种原因，使得他们中大部分人"还没来得及找工作就参加到训练中来了"。

其次，是其他一些原因导致了他们参训前一直没有参加工作。一种情况就是，在参训前，他们一直在学校里上学。有的是在上学的时候就被选拔进队，有的是在毕业不久后还没来得及找工作就被选拔上了。另外一种情况是，他们自己根本就没想过要出去工作，自食其力。对于这部分人来说，残疾带给他们的不仅是肢体上的不便，更是心理上的沉重负担。通过对问卷的复查，一般有这种想法的人都是来自比较偏远的农村。在农村里，他们对国家的一些政策毫不知晓，想到未来的艰难，就完全打消了找工作的念头。对于他们来说，农村里的工作，也不会是什么好的工作，还不如在家里帮父母干些力所能及的活，因此也就放弃了工作的念头。

至于"一些单位拒绝录用残疾人"，这在社会中仍是比较普遍的现象。虽然国家提倡按比例安置就业，但是很多企业拒绝录用残疾人的现象仍然很严重。对于一些个体工商户，他们也是靠自己的微薄收入养活自己，无利可图的事情肯定不会去做。对于个体户们来说，雇佣残疾人是费力不讨好的事情，因此很少有人会雇佣残疾人。没有单位录用，四处碰壁，在很大程度上会打击残疾人就业的心理。相比之下，自己自主创业则更为现实。但是现有的情况，仅靠自己创业也是不现实的。

"丧失劳动能力"是对于那些残疾比较严重的人而言的。他们绝大多数是高位截瘫的残疾人。在最初致残的时候，他们自己的生活根本无法自理，更不用说去参加工作了。

选择"没有找到合适的工作"的人，首先说明他们努力去找工作了。由于他们积极努力地找工作或是由于相关人士、组织的帮忙，他们可以找到一份工作，但是由于身体、能力、技术等客观原因使得他们无法从事那样的工作。因此，不得不放弃到手的工作，继续寻找更适合自己的工作。

最后一种原因是因为"怕别人歧视而自己不愿去工作"。他们有这样的想法是可以理解的。因为社会上的确存在这样的现象。由于通过不同渠道获得过关于残疾人就业歧视方面的信息，他们备受打击。因此，在没有尝试的情况下，他们就放弃工作了。

总之，正是因为以上原因导致残疾人运动员无法实现就业或无法找到适合自己的工作，遭遇社会排斥，这就迫使他们另谋生路。体育运动训练为他们提供了这样一个平台。他们凭借自己体育方面的天赋，创造出价值，并可在一定时间段内将其视为自己的工作，自食其力。

3.2.2.2.2.2　残疾人运动员受教育不容乐观,促其另寻他路改变现状

根据调查数据显示：在参加训练前，由于绝大多数人都处于受教育的年龄，因此接受教育也是非常普遍的现象（见表3.19）。但仍有10人已经辍学回家。通过调查这10人的资料，其中4人只有小学文化程度，并没有完成法定的义务教育。

表3.19　残疾人运动员是否接受教育（N=67）

是否接受教育	频数	百分比/%
是	57	85.1
否	10	14.9

而从他们接受教育的方式来看，参与训练前，73.2%的人都是与健全人同

校就读（见表3.20）。能以这种方式就读的多为肢体残疾者，而在特殊学校就读的多是盲人。这也与我国目前特殊教育现状相一致的：在我国，一些特殊学校只是局限于感官损伤者和智力落后者，而没有把肢体残疾者纳入特殊教育的范畴之内。另外，还有2位运动员是在本科毕业后因为意外事故致残的。因此，参与训练前，他们接受教育的形式都是与健全人完全一致。

表3.20　残疾人运动员接受教育的方式（N=67）

受教育方式	频数	百分比/%
与健全人同校	49	73.2
特殊学校	8	11.9
毕业后残疾	2	3.0
没有上学	8	11.9

在我国特殊教育机构少、入学人口基数大的情况下，回归主流成为能够迅速提高残疾儿童入学率的教育安置思路。[1]而以"随班就读为主，特殊教育为辅"的方式成为教育安置的主要方式。但是，在与当事人的交谈中发现，由于目前普通学校的教学环境的限制，很多残疾人学生只是实现了"肢体性随班"或"社会性随班"[2][3]，并没有接受适合他们需要的教育，在课程、教材、教法、教具、组织形式等方面大都以健全学生的需求为主，而没有过多的考虑残疾学生的需求，即没有做到真正意义上的"随班就读"。

那么，造成残疾人运动员受教育不容乐观的原因见表3.21。

---

[1] 回归主流的概念首次提出是在20世纪50年代。1968年美国的邓肯发表的一份报告指出：轻度障碍儿童应安置在普通学校学习，只有重度障碍的儿童才需要安置在特殊学校。从20世纪60年代以来美国特殊教育界便出现了轰轰烈烈的"回归主流"运动。

[2] 指特殊学生只是身体处于普通班级中，并未获得所需的特殊教育。

[3] 指特殊学生和普通学生能在一起活动，相互接纳和交往。

表3.21 残疾人运动员没有接受教育的原因（N=10）

原因	频数	百分比/%
自己身体不允许	5	50.0
学校不接收	1	10.0
怕受歧视而自己拒绝上学	1	10.0
支付不起学费	3	30.0
认为上学不实际，不如学点技术早就业	1	10.0
其他	2	20.0

对于那些辍学的人来说，导致他们不能上学的最重要的原因还是他们自身的身体状况使他们无法完成教育。对于他们来说，这是非常难以克服的困难。

首先，"自身身体不允许继续接受教育"这一选项有两层含义。一层是主观方面的，即他们的身体耐受力、智力等方面不足以支撑他们接受教育。另一层面是客观方面的原因。虽然遵循的是就近上学的原则，但是对于一些比较偏远而交通又不够发达的地区或者是虽处城镇但无障碍环境极差的地区来说，即使再近的学校也要花费一定的时间，这样的客观事实使得他们不可能凭借自己的能力到达学校，从而导致他们不得不放弃上学。

其次，导致他们不能上学的另一原因则是学费问题。虽然相关法律法规规定了要对有困难的残疾人通过减免学杂费等方式实施教育救助，但是相对来说，教育救助的范围还未达到应有的范围。而且教育救助一般是对于接受义务教育的学生来说的。所以，当完成义务教育阶段的学习需要进行更高层次学习的时候，学费往往成为阻碍他们继续上学的障碍。

再次，"其他原因"是指有的运动员是在接受完本科教育后，因为某种意外而导致残疾的。因此，在参训前很长一段时间内他们并没有接受教育，但他们已经有了比较高的文化程度。

另外，还有的人因为怕受歧视而不愿继续接受教育。这一情况的存在的确是与健全人的素质和看待残疾人的态度有着密切的关系。在现实接受教育的过程中，尤其是智力残疾的人，他们遭遇别人歧视的情况更为严重。尤其是在小学或初中，很多健全孩子不懂事，歧视残疾人现象严重，经常强迫他们干一些自己不愿意干的事情。正是这些歧视、欺负残疾人现象的存在，使得一些残疾人或残疾人家长宁愿自己或自己的孩子没文化，也不愿意让他们到学校里被人欺负。

最后，还有人认为上太多的学没什么用，尤其是残疾人更是没有必要接受教育。在访谈的过程中，很多运动员都持有这样的观点。他们认为上再多的学也是为了找工作，更何况目前的就业形势非常严峻，还不如学点技术，早点就业，早点挣钱更现实。他们能有这样的想法完全是因为对教育的理解的狭隘化造成的，如果要解决这部分人的教育问题，必须改变他们已有的这种观念，否则难见成效。

总之，当他们就业无门，通过教育改善自己现状这一条路也封闭的时候，就迫使他们另寻他路来改善现有的状况。体育运动训练对于文化程度的要求相对较低，而且他们还可以发挥各自特长。因此，当机会来临，参与运动训练也成为顺理成章的事情。

3.2.2.2.2.3 残疾人运动员康复现状促其寄望于运动训练

3.2.2.2.2.3.1 残疾人运动员康复情况

从表3.22可以看出，参加训练前，55个人根本没有进行任何康复治疗。参加康复治疗的人当中，75%还是在专门的康复医院进行康复治疗。25%只是选择在家进行康复治疗，没有人在社区或村康复中心进行康复治疗。这一情况与《关于进一步加强残疾人康复工作的意见》中提出的"坚持社会化工作方式，以社区为工作平台，到2015年实现残疾人'人人享有康复服务'"的目标严重不符的。

表3.22　残疾人运动员进行康复治疗的地点（N=67）

康复地点	频数	百分比/%
家里	4	6.0
专门的康复医院	8	11.9
没有进行康复	55	82.1

3.2.2.2.2.3.2　残疾人运动员未进行康复治疗原因分析

从表3.23可以看出，第一，参训前他们没有进行康复治疗的最主要的原因是缺乏康复费用。对他们来说，康复并不是一朝一夕的事情，而且康复的专业性和科学性对于康复的效果也是非常关键的。因此，对于一般家庭来说，要达到长期进行科学、专业的治疗是根本不可能实现的事情。这也是造成很多人因为康复费用的问题而放弃进行康复的原因。当然，这也是国家制定相关政策、投入大量人力、物力、财力确保"人人享有康复服务"的原因。

表3.23　残疾人运动员没有进行康复治疗的原因（N=67）

原因	频数	百分比/%
缺乏康复费用	19	28.4
认为康复治疗没有用	9	13.4
无法忍受康复治疗的枯燥和痛苦	2	3.0
没有必要进行康复了	17	25.4
其他原因	8	11.9
参加治疗了	12	17.9

第二，"没有必要进行康复了"是导致他们没有进行康复治疗的另一原因。由于他们中很多人是属于先天性残疾，先天的残疾使他们早已习惯了身体的缺陷所带来的各方面的障碍。在他们看来，他们认为自己的身体状态已经恢复到对于他们来说的最佳状态，无须再进行康复了。

第三，还有一部分人认为康复治疗没有用，因此放弃康复治疗。这些人普遍认为自己已经是这个样子，没有腿就是没有腿了，胳膊没了、眼睛瞎了即使再怎么康复也是毫无意义的，无须再去浪费时间和金钱去做无谓的挣扎，还是面对现实更加直接。

第四，导致他们放弃康复还有其他的原因，主要是指很多人对康复治疗一无所知。在他们看来，以为只要是手术完毕了，在家休养就可以了，根本不知道还可以通过康复使身体的机能得到最大程度的恢复。这种认知的确让人感觉到残疾人康复事业的长期性。并不是投入多少财力，安装几件器械那么简单的事情，要切实地发挥康复的作用，实现"人人享有康复"的目标不是那么简单的。观念不更新，意识跟不上，一切政策的实施也只是在表面做文章，无法达到根本目的。

第五，没有很好地贯彻社区康复政策。由于中国残疾人人口众多，地区差异复杂、明显，以社区或村为平台进行康复治疗是非常必要也是可行的，然而在很多地区，社区或村这一平台并没有得到很好的利用。

当然，导致一些人放弃康复的原因还是因为他们自身的原因。他们自己忍受不了康复过程的枯燥和痛苦。这也是完全可以理解的。因为康复是一个长期的过程，需要天天往医院跑或是长期住在医院，而且在短期内也不会有明显的变化，甚至一点微小的变化就需要几年的时间才能实现。尤其是对于那些因为意外而导致残疾的人来说，意外的遭遇已经使他们的心理极度失调，心情也非常焦躁，当他们需要天天重复那些效果并不明显的事情时，肯定对此不会抱有信心。前车之鉴，很多人望而却步。他们宁愿维持现状，也不会忍受这个枯燥、痛苦的过程。

在以上种种原因综合作用下，残疾人运动员的康复情况是非常不乐观的。而适当的运动训练非常有利于他们身体的康复，因此当机会出现时，他们必定毫不犹豫地参与其中。

3.2.2.3　证明自身价值是其参加运动训练的强大动力

3.2.2.3.1　社会歧视现象的存在促其迫切希望证明自身价值

虽然我国已经通过各种形式强调"残疾人的公民权利和人格尊严受法律保护""禁止歧视、侮辱、侵害残疾人"。但是，在中国的传统文化中，不乏残疾人被歧视的案例。

从表3.24可以看出，参训前，61.2%的残疾人运动员都认为日常生活中歧视残疾人现象仍比较严重。其中11.9%的人认为歧视现象非常严重。C先生就有过如此的经历。当他的英语老师知道他要去参加运动员选拔的时候，曾说，"你这样子，还能跑多快？再怎么跑也还是瘸子！"正是因为这句话，C先生心情十分沉重，他因此辍学参加运动训练。

表3.24　日常生活歧视残疾人现象严重程度（N=67）

严重程度	频数	百分比/%
非常不严重	2	2.9
比较不严重	3	4.5
不严重	6	9.0
一般	15	22.3
严重	14	20.9
比较严重	19	28.4
非常严重	8	11.9

像C先生这种经历的人还有很多。正是由于这种根深蒂固的歧视文化，很多残疾人的内心都感到自己被当作另类人看待，使得残疾人的心理负担沉重。为了能够证明自己不是众人眼中的"残废"，他们就急于寻找一种证明自己的途径。残疾人体育领域为他们提供了一个很好的舞台。而且，在残疾人运动训练中，大家境遇类似，也不存在谁歧视谁的问题。相反，队里的教练和工作人员还会给他们送去关怀，使他们备感温暖。在访谈过程中，F先生就曾提起，他所在队伍的氛围非常温暖，即使是清洁工也会让他们心头暖暖的。清洁工阿姨每天都会耐心细致为他们叠被子，帮助他们上下楼。而且总是把物品整齐地摆放在同一位置，以方便视力残疾的运动员取用。虽然这些细节都是常人看来微不足道的事情，却可以使他们感觉到社会对他们的关爱。生活在这种没有歧视的环境里，他们的心情自然会十分舒畅，心理问题也会迎刃而解，也会更加积极地投入工作和生活中去。

3.2.2.3.2　社会排斥的存在促其努力寻找可接受他们的领域

社会排斥，作为解释现代社会弱势群体及其问题的范式，是指某些个体或群体具有一定的能力，却由于种种因素缺乏正常的活动或社会参与，被日益孤立与隔离的系统性过程。它不仅表现为经济资源上的匮乏，还包括社会关系上、心理上、文化上和政治参与上的长期被隔绝。简单地说，社会排斥是指"个体有可能中断全面参与社会的方式"。❶

在日常生活中，残疾人群体遭遇社会排斥的情况时有发生，如经济资源的匮乏、社会支持的缺失、受教育机会的剥夺等。残疾人运动员最终文化程度就能在一定程度上说明这一问题（见表3.25）。其中有19.4%的残疾人运动员只有小学文化程度，并没有完成国家规定的义务教育，受教育机会被剥夺了。

表3.25　残疾人运动员文化程度（N=67）

文化程度	频数	百分比/%
小学	13	19.4
初中	29	43.3
高中或中专	16	23.9
大学本科及以上	9	13.4

正是因为各种社会排斥的存在，他们才会努力寻找一个愿意接受他们的领域。此时，残疾人体育运动训练热情地向他们敞开怀抱，为他们创造了一个展示自我的舞台以证明自身的价值，并可以得到其他领域所无法得到的荣誉和尊重。

3.2.2.3.3　人道主义、帮残助残意识薄弱促其自食其力

当前，在广大健全人当中，人道主义、扶残助残气氛不浓，没有形成一股良好的社会氛围，多数残疾人仍然处于艰难无助的困苦之中。通过对35名社会各界人士的调查（见表3.26），有帮残、助残经历的人只占28.5%。

---

❶ 安东尼·吉登斯. 社会学[M]. 北京:北京大学出版社,2005.

表3.26　社会群体是否有帮残助残经历（*N*=35）

是否有帮残助残经历	频数	百分比/%
是	10	28.5
否	25	71.5

　　而且，他们的帮残助残方式还多局限于日常偶遇状态下。如偶然遇到盲人过马路有困难，便伸手帮忙等，还没有形成长期的这种帮残、助残意识。对于残疾人来说，这种临时的帮助能够让他们感受到生活的温暖，但是真正让他们摆脱困境还是要靠自己努力，自食其力，不再成为别人的负担。而运动训练可以为之提供这一机会。在调查过程中，有的残疾人家长允许自己的孩子参与训练并不是为了能在赛场上摘金夺银，而是希望体育锻炼能使他们的机体功能得到最大程度的恢复，能他们能够更好地融入集体生活。实践证明，很多人的确达到了这个目标，身体得到很大程度的恢复。

3.2.2.3.4　为残疾人体育事业贡献力量可充分证明其自身价值

　　作为竞技体育的一个组成部分，残疾人竞技体育同样承担着为国争光、为所在省市争光的光荣使命。在我国，残疾人体育的发展离不开举国体制的保障。这种举全国之力发展某项事业的情况在其他领域是少见的。倘若能成为一名残疾人运动员，就有机会充分利用这些资源，为自己的发展奠定坚实基础；也有更多的机会代表所在的国家或省市参加比赛，并可能获得奖牌，为国争光，为残疾人体育事业的发展贡献自己的力量。相比之下，这种证明自己的途径是其他形式所无法比拟的，其影响力、价值也是巨大的。

　　因此，对于有运动天赋的残疾人来说，能有机会为残疾人体育事业贡献力量是一种证明自身价值的绝好途径。C先生的经历就是一个典型例子。参训前，他们村的人经常瞧不起他，他甚至成为别人的笑柄，但是当他获得北京残奥会金牌以后，村里的人都对他刮目相看，甚至把他当作教育自己孩子的榜样。正是因为他为我国残疾人体育事业的发展贡献了力量，取得了成绩，别人才会对其另眼相看。所以，对于他们来说，如果有机会为残疾人体育事业做贡献，他们会毫不犹豫地选择这条路子去证明自身的价值。

3.2.2.4 外部环境影响在一定程度上促使他们与残疾人运动训练结缘

除了内部动机之外，外部环境也会在很大程度上影响残疾人与运动训练结缘。如榜样的作用，身边人的影响等。

从表3.8可以看出，榜样的作用也是巨大的。"偶像""榜样"是很多人心目中的英雄，是他们生活中的目标，残疾人也不例外，他们心目中也有属于自己的英雄。尤其是随着一些大型残疾人体育赛事的举办以及媒体的宣传，残疾人的奋斗精神也鼓舞和启发了更多的残疾人，改变了他们对待生活的态度，成为很多残疾人生活的奋斗目标。正是因为有这样的想法，他们才主动和残疾人体育队伍联系，争取加入。在调查过程中，上海市参训中心的G先生由于先天性小儿麻痹症，腿脚不是很灵便，但是因为对轮椅击剑队员的仰慕，所以不远千里，从山东老家来到上海。经过自己的努力，在几番周折之后，联系到上海市残疾人体训中心，并顺利成为其中一员。

3.2.2.5 部分残疾人运动员参训动机不明确，机遇促其与之结缘

除了考虑残疾人体育对自身带来的变化，而希望参加残疾人体育的那些人之外，还有一些人是在一种"人云亦云"的状态下参加残疾人体育的："别人认为我适合体育就参加了"以及"身边朋友参加了，受其影响"。

同时，还有一部分人把参加运动训练当作是打发时间的一种途径。残疾给他们的生活带来了诸多不便。无论是在就业、还是在接受教育方面，他们都要克服比常人更多的困难。在遭受种种大大小小的困难、打击、歧视之后，他们大部分人都会选择待在家，放弃就业、受教育的机会。久而久之，就变得更加不愿与人交流，生活中也是度日如年，不知道用什么方法来打发时间。在得知有机会成为省或市里的残疾人体育队伍中一员的时候，他们没有过多的想法，参加训练最起码可以让他们不再在家里无所事事。抱着这样的心态，他们参与体育训练。H女士就属于这种情况，她是在一种完全无知

的状态中参加运动训练的。她入队前对残疾人体育一无所知，只是有这种机会，她就参加进来了。

另外，还需强调的是，在调查过程中，很多人只是机缘巧合与残疾人体育结缘的。他们能够参加运动训练也是因为一些残疾人体育教练到他们所在的地区选拔运动员，当地的残联就把条件符合的残疾人集中在一起供教练挑选。I先生就是以一种凑热闹或服从残联安排的心态参加选拔工作的。当教练发现他具有体育天赋后，就问其愿不愿意参加残疾人体育，他就在一种糊涂的状态中进入了残疾人体育领域。所以，对于一部分残疾人运动员来说，他们最初的动机非常不明显，参加残疾人体育也没有明确的奋斗目标。后来，随着对残疾人体育的了解，他们才逐渐产生了继续为残疾人体育奋斗的动机。

3.2.3 小结

残疾人运动员能与体育运动训练结缘并非一朝一夕的事情，最主要是要具备顺畅的参训途径以及强烈的参训动机。

参训前，由于残疾人相关组织、媒体以及残疾人体育部门的宣传不力等因素，残疾人获得参与运动训练信息不够顺畅。另外，由于运动员选拔制度的缺失等导致其参训之路障碍重重。这些因素的存在导致了残疾人运动员选拔具有较大的偶然性、被动性。这也是很多队伍出现青黄不接，项目很难实现可持续发展的重要原因。

运动员参训动机出现两种趋势。一是运动员具备强烈的参训动机：在外部环境的影响下，运动员们强烈希望能够改善自身现有状况（心理和社会保障各方面），并证明自身价值。在强烈动机的促使下，残疾人运动训练为其提供了一个可以满足他们各种动机的舞台，两者不谋而合。二是部分残疾人运动员参训动机不明确，参与运动训练只是机缘巧合，没有明显动机驱使。但是在不断的参与过程中，残疾人运动员逐渐明确了自己的参训动机，并为之不断奋斗。

3.3 参训中残疾人运动员生存状况及其制约因素

与参训前不同，参加训练后残疾人运动员的生活重心已经发生了变化。在训期间，他们不再为生活苦恼，因为他们所在的队伍包吃包住；他们不再像以前那么自卑，因为运动训练让他们重建信心，尤其是那些残奥会奖牌获得者，他们的生活更是有了翻天覆地的变化。但是在发生种种有利变化的同时，他们又面临新的问题。

3.3.1 残疾人体育个体功能对残疾人运动员身心状况的改善

3.3.1.1 残疾人体育作用于个体的功能

残疾人体育对于社会的发展具有巨大的价值。对于残疾人自身来说，残疾人体育给残疾人自身带来的价值更是其他形式无法代替的。这主要表现在以下几个方面。[1]

3.3.1.1.1 残疾人体育的强身健体功能

健身功能是体育最基本、最直接的功能。适宜的、良性的体育运动使人体机能和器官产生良好的适应性，从而提高人体的健康水平和适应能力。具体来说，体育的强身健体功能主要表现在以下几个方面。

首先，从不同的角度来看，残疾人体育的价值功能的确都有其不同的价值取向，而残疾人体育的真正价值在于"强化自然"（即对自身身体机能的改善）。对于每个残疾人来说，"强化自然"都是不可回避的问题。[2]国家提倡和支持残疾人积极参与体育运动，最初的目的也是要改善残疾人的身体状况，实现身体机能最大程度的恢复。事实也证明，体育锻炼能改变人体的身体形态和功能障碍，可调节肌肉张力，提高肌纤维合成酶的活性，使肌纤维增粗，增强

---

[1] 熊晓正. 体育概论[M]. 北京:北京体育大学出版社,2008.
[2] 王若光. 对残疾人体育价值的重新审视[J]. 中国残疾人,2007(7).

肌纤维收缩力量，从而有助于改善机体的形态和功能。另外，它还可以改善血液循环系统、呼吸系统的功能，增强机体的抵抗力，促进新陈代谢，有利于慢性疾病的康复。

其次，残疾人体育对于调节残疾人的心理，促进个体心理健康也具有较强的功能。残疾人心理问题一直是困扰社会及残疾人家庭的一大问题。从事残疾人体育运动，可以使残疾人心情舒畅、精神愉悦，消除抑郁和沮丧的情绪，更加积极健康地融入社会。

3.3.1.1.2　残疾人体育的人格塑造功能

所谓人格，是指个体内在的行为上的倾向性，它表现为一个人不断变化的全体和综合，是人在社会化过程中形成的赋予特色的身心组织。通俗地说，人格是人们在其言行中所体现的人的性格、品格和风格。一般来说，人格由智慧、道德或情感以及意志三个方面因素构成。只有三方面完善发展，才能称为完美的人格。残疾人体育在塑造残疾人完美人格方面发挥了重要的作用。

首先，残疾人体育可以强健残疾人的体格，从而为将来的发展奠定基石。其次，在残疾人体育精神和体育道德中，最主要的精神就是公平竞争、遵纪守法、文明礼貌、尊重他人，爱国主义、敬业奉献、团结拼搏、艰苦奋斗、胜不骄、败不馁、和平、友谊、进步等。通过参加残疾人体育，可以弘扬体育精神，培养体育道德。最后，残疾人体育还可以健全残疾人的人格，增强残疾人的竞争意识和效率观念，养成公正无私和实事求是的精神以及增进协作互补，培养团队精神。总之，体育为人生提供了一个炼炉，通过成功、失望、挫折、艰辛、泪水和欢笑，使热爱体育的残疾人一次又一次接受心理的冲击、精神和意志的磨炼，最终使人格不断得以升华和完善。

3.3.1.1.3　残疾人体育的人际交流功能

人际交往包括两方面的含义：从动态的角度说，它指人与人之间的信息沟通和物品交换；从静态的角度说，它指人与人之间已经形成起来的关系，即通常所说的人际关系。

首先，残疾人体育可以促进人际交往中残疾人健康心理的形成。残疾给残疾人带来的影响是巨大的，如焦虑、抑郁、自卑、妄想、狂躁等。通过参加体育运动，可以使残疾人忘却心中的烦恼和痛苦，消除孤独感，形成人际交往的良好意识和习惯。在体育活动中，人与人之间建立的诚实守信、互相尊重、平等交往、严于律己、团结友爱、互帮互助的精神都能促进残疾人在人际交往的过程中形成健康的心理。

其次，在人际交往中，残疾人体育还可以促进良性竞争氛围的形成。竞技性是体育的显著特征，残疾人体育也不乏激烈的竞争。强烈的竞争性督促着每一个残疾人不断地努力、进步。竞赛最讲法制，不徇私情；最讲现实、不论资历；不论残疾程度如何，都会以"同一起跑线"为起点，公平竞争，可培养他们良好的竞争意识，促进人际交往中良性竞争氛围的形成。

最后，在人际交往中，残疾人体育还可以形成良好的合作和竞争精神。这是因为，在残疾人体育比赛中，竞争是不可避免的。尤其是在集体项目中，要获得胜利，成员之间必须既分工明确又相互协作。这种密切的协作关系可以强化成员之间的相互支持和相互依赖，发展协同与合作精神，从而促进人际关系发展中良好合作精神的形成。

3.3.1.2　残疾人运动员身心状况

正是因为残疾人体育所具有的强身健体功能，使得这些残疾人运动员将参与运动训练的首要目标设定为改善自己的身心状况。残疾给他们带来的不便已是众所周知，要更好地生活并最终回归社会，健康的身心是基本前提。

3.3.1.2.1　残疾人运动员身体状况的改善

通过调查和访谈得知，80%的运动员的身体状况有了明显的改善。以前生活根本无法自理的运动员在参加运动训练后，生活已经实现完全自理，不必再去依赖别人。在对北京轮椅篮球队的队员陈某进行访谈的过程中，他这样描述体育给他带来的改变："由于我是属于脊髓损伤，高位截瘫，运动能力丧失、感觉丧失，而且是终身性的。1997年至2000年，我一直周转在北京各大医院进行治疗。由于偶然的机会能与轮椅篮球结缘。参加体育运动对身心有很大的好处，尤其是对心肺功能。像健全人还可以跑跑步，改善身体状况，残疾人不可能有很大量的活动，但自从参加轮椅篮球后，自己的身体状况有了明显的改善了。"

但是，在调查过程中也发现，残疾人运动员身体状况的改善也是有一定前提的，即不过度训练。然而，竞技性是竞技体育的根本特征。有时为了获得比赛的胜利，就会采取比较极端的手段来提高运动成绩。而这可能是以牺牲身体为代价的。因此，残疾人运动员或多或少都会有些伤病。另外还有一种比较普遍的情况。在对上海市残疾人训练中心的一名坐式排球运动员进行访谈的时候，他是这样说的："我是因为患小儿麻痹症残疾的，但残疾程度还是比较轻的，就是腿有点轻微不便，但是自从练了坐式排球之后，残疾反而越来越厉害了。因为坐式排球基本上用不到腿，都是坐着移动的，所以现在我感觉腿的残疾越来越厉害了。"

因此，残疾人体育的强身健体功能对于普通大众来说作用明显，而对于残疾人运动员来说，这一功能却又另当别论、因人而异了。

3.3.1.2.2 残疾人运动员心理状况的改善

除了身体状况之外，残疾人体育的健心功能也是异常明显的。在调查中发现，运动员们都对运动训练对心理状况的改善持肯定态度。

首先，在参加运动训练后，残疾人运动员的自信心明显增强。而且参加残奥会的运动员对生活的自信度要比普通的运动员的自信度要高。而且，残疾人运动员的自信度与参加残奥会的次数成正比（$r=0.601$），即参加的残奥会次数越多，自信心越强（见表3.27）。这是因为残奥会是残疾人体育运动中最高级别的赛事，能够参加残奥会是对自身价值的充分肯定。这就使他们对未来的生活更加有信心。

表3.27 残疾人运动员参加残奥会次数与自信度相关系数

变量	相关性及显著性	自信度	参加残奥会次数
自信度	Correlation Coefficient	1.000	0.065
	sig.(2 tailed)		0.601
	N	67	67
参加残奥会次数	Correlation Coefficient	0.065	1.000
	sig.(2 tailed)	0.601	
	N	67	67

其次，参加运动训练后，由于自信心有所增强，身体状况有所改善，因此对他们来说，生活中的困难也比参训前更加容易克服（见表3.28）。

表3.28 残疾人运动员对生活困难的克服程度（$N=67$）

克服程度	频数	百分比/%
非常难以克服	2	3.0
比较难以克服	3	4.5
难以克服	7	10.4
一般	21	31.3
容易克服	15	22.4
比较容易克服	14	20.9
非常容易克服	5	7.5

另外，通过参加运动训练，他们的自尊感也有了显著提升。在日常生活中，让他们感到自豪的事情要比未参加训练前多得多。在调查过程中发现，除了参加残奥会会使他们备感自豪外，其实未曾参加残奥会的运动员也不乏自豪的事情。因为他们在一些国内、国际比赛中获得过较好的成绩，有的甚至是全运会、远南运动会的冠军等。只不过他们因为在残奥会的选拔赛中表现欠佳，才没有机会参加残奥会的，但他们大都具备了一定的实力。

残疾人在参与体育运动的过程中，伴随着生理状态的改善，他们的心理健康水平也明显提高。因为体育不单纯表现为身体活动，同时具有社会性，能对人的心理活动产生多种影响。

综上所述，在竞技性较强的体育运动中，可以激励残疾人运动员敢于迎接挑战，面对挑战的勇气，不仅能增进生理机能的改善，还可以显著改善心理状态，促进残疾人运动员与社会的融合，促使残疾人运动员"平等、参与、共享"的目标得以实现。通过参与运动训练，可以使残疾人运动员愉悦身心，展示才华，增进相互理解，增强广泛参与社会生活的信心和勇气，对生活充满更美好的期望。这种更为积极的人生态度可以促使残疾人运动员更为积极地投入生活的各个方面、领域，不断学习新的知识与技能，增强自己生活自理的能力和为社会服务的能力。

3.3.2 残疾人运动员生存状况

3.3.2.1 残疾人运动员生活状况改善

参与训练后，残疾人运动员的基本生活比参加训练前有了较大的改观。因为他们开始有了新的经济来源（见表3.29）。

表3.29 残疾人运动员主要经济来源（N=67）

主要经济来源	频数	百分比/%
训练费	67	100.0
奖金	28	41.8
最低生活保障	10	14.9
工资收入	12	17.9
好心人的资助	3	4.5

从表3.29可以看出，有一点变化非常明显，那就是他们不再单纯依靠父母养活，有了或多或少的收入，其中重要的收入来源就是日常的训练补贴。各个

省的残疾人体育队伍都会向参加训练的运动员发放训练补贴，但是补贴的数额会有所差异，这与当地的经济发展水平有着密切的关系。如，上海的训练补贴是每人每天35元，北京队的训练补贴是每人每天30元，而云南省队的训练补贴则是每人每天15元，云南省再低一级的队伍的训练补贴就更少了，为每人每天10元，地区差异明显。

其次，他们还可以通过参加比赛获得一定的奖金。从1984年举办首届全国残疾人运动会起，目前，已举办了7届全国残运会。比赛项目由最初的3项发展到20项，参赛运动员也迅猛增加。另外，每年还举办各个项目的全国单项锦标赛，各地也举办了各类残疾人体育比赛。残疾人体育赛事已形成全国残运会、全国单项锦标赛、地方各类残疾人体育比赛相结合的发展模式。国际赛事方面，从1984年开始，我国先后参加了7届夏季残奥会、2届冬季残奥会、7届"远南"运动会（2010年改名为亚洲残运会）和多项国际单项赛事。因此，随着赛事的增多，参赛的机会也随之增加，因取得名次而获得奖励的机会也就增加。由于比赛级别和获得名次的不同，运动员获得奖励也就不同。国内比赛奖金的主要来源是全国残运会，而国际比赛的奖金来源则主要是来自残奥会，其次是亚残会（远南运动会）。由于国家对于残疾人体育的重视程度日益增加，因此相关比赛奖励也在逐渐增加。

另外，在训期间，残疾人运动员吃、住、医都是由所在的队伍负责的。虽然吃住的条件因地而异，但一般来说，基地的设施都非常齐全，无障碍设施建设也很完善，有的训练基地还配有图书室、电脑室等供运动员休闲娱乐；运动员用餐也基本能做到营养协调。如上海残疾人体育训练中心还经常举行各类娱乐比赛、各类特长培训班来调节运动员枯燥的训练生活。当然，相对来说，有的队伍的条件还非常差。

应该说，只要残疾人运动员训练，他们的基本生活还是有保障的。虽然在训期间运动员的基本生活有了保障，但是由于是业余体制，运动员参与训练的时间毕竟是短暂的。在不训练的时候，他们的生活又恢复到参训前的状况。因此，非常有必要建立残疾人运动员社会保障体系。运动员社会保障体系的独特

性主要表现在运动员保险、运动员的社会福利和优抚上。❶

3.3.2.2 残疾人运动员享受社会保险状况

3.3.2.2.1 残疾人运动员享受"零"社会保险

残疾人运动员作为残疾人群体中一个特殊的群体，为残疾人体育事业的发展贡献了自己的力量，是残疾人体育发展的主要力量，是残疾人体育事业发展过程中不可缺少的特殊人才。他们除要真正享受到和其他群体共同的利益保障之外，还应该充分享有在经历了特殊的运动生命历程之后的利益补偿。

自从1984年首次参加残奥会以来，残疾人体育健儿多次将五星红旗升起在赛场的上空，尤其是在北京残奥会上的表现更是让世界震惊，他们为祖国赢得了荣誉。作为中国残疾人体育事业辉煌的创造者，无论是否获得了奖牌，他们都应得到应有的重视，他们的生活理所当然地应该获得相应的保障。只有这样才能充分地解除残疾人运动员的后顾之忧，调动残疾人参加体育运动的积极性，促进残疾人体育人才的合理流动和优化配置，使残疾人体育实现可持续发展。

然而在调查中发现，目前我国各个省队的残疾人运动员都没有享受到社会保险。所在的队伍只是为他们购买了训练意外保险。虽然他们目前的基本生活已经不是问题，但是这一现象的存在使得很多运动员对于自己的将来忧心忡忡。

3.3.2.2.2 与我国健全人运动员享受社会保险状况的对比

运动员保险是运动员社会保障体系的重要组成部分，它在运动员社会保障体系中处于主导地位。目前，我国健全人运动员享有的保险种类主要有运动员社会保险、运动员伤残互助保险、国家队运动员人身保险、运动员商业保险、运动员退役养老保险等。

---

❶ 李大新,赵溢洋. 论我国运动员的社会保障[J]. 广州体育学院学报,2006(11).

虽然，健全人运动员社会保险也存在一些问题，如运动员保险法规、制度尚不健全；受保的对象数量少，涵盖面小；保险的险种单一；缺乏体育保险中介机构或经纪人等。❶但是，与残疾人运动员相比，他们在社会保险这方面要大大领先于残疾人运动员，而且也已经取得了一定的成就，如制定了一部分相关的法律、法规，也得到了相关部门、领导的重视，尤其是对于优秀运动员来说，他们享受到了更多优惠。目前，国家队运动员的人身保险正步入正轨，并通过商业保险的形式弥补社会保险存在的不足。中华体育基金会保险部曾在1999年和2000年为我国国家集训队的运动员提供商业保险，每年投保金额为100万元人民币，保险回报率在20%~40%之间。❷上海、江苏、浙江等省市也为在训的优秀运动员进行了商业保险。运动员的医疗保险方面与商业保险公司合作，在险种的选择、保险的范围、保险的程序、理赔的标准等方面已积累了一定的经验。❸

而对于残疾人运动员来说，他们根本没有机会享受到社会保险，商业保险更是遥遥无期。

3.3.2.2.3 与国外残疾人运动员享受社会保险状况的对比

在美国和日本，运动员的社会保障体系更是完善。❶它们建立了专门的运动员社会保障部门或者在某个部门下设保险管理机构对运动员养老保险、医疗保险、遗属补助等进行统一管理，而把失业保险、工伤保险交于劳动部门管理。如日本的厚生省负责管理年金和医疗保险，并在厚生省设立了年金局和社会保险局，劳动省则负责失业保险。在美国，其失业保险由劳动部门管理，老年运动员保险、遗属保险、残疾保险、住院保险则由联邦政府卫生与人类服务部下的运动员社会保险署实行统一管理，并在全国各地设置了1400多个运动

---

❶ 李大新,赵溢洋. 论我国运动员的社会保障[J]. 广州体育学院学报,2006(11).

❷ 陈林祥. 建立与完善我国优秀运动员社会保障制度的必要性研究[J]. 天津体育学院学报,2003(28).

❸ 张陵,刘苏. 美日韩运动员的社会保障及其启示[J]. 体育文化导刊,2009(1).

❶ 张陵,刘苏. 美日韩运动员的社会保障及其启示[J]. 体育文化导刊,2009(1).

员社会保障办事机构。

另外，它们都早已建立起了发达的保险制度。在20世纪50年代，美国就已经出现了体育保险公司。而在日本，充分利用和发挥社会保险体系和商业保险两大保险体系的优势，形成了一个健全完善、实用性和可操作性强的体育保险体系，并颁布诸多的法律、法规，为运动员社会保障的落实提供了法律依据。

而这些，在我国健全人运动员领域都未实现，在残疾人运动员领域更是可望而不可即。

3.3.2.2.4　我国残疾人运动员享受"零"社会保险的原因分析

目前，导致我国残疾人运动员没有享受社会保险的原因主要有以下几方面。

第一，与健全人体育相比，由于中国残疾人体育采取的是业余体制，他们并不像健全人竞技体育运动员一样常年从事训练，而是在大赛临近的时候才会被召集起来参加集训，比赛完毕后又各自回家过着自己的生活。虽然有的基地也尝试长期实行 "业余体制、专业管理"，但这是需要相当的财力才能支撑的。由于残疾人体育的发展的资金来源比较单一，主要靠政府拨款，因此在整体上表现出财力不足的情况。因此，我国绝大多数省份的残疾人体育训练都是间断性的，长期训练的队伍是少之又少。正是由于这种业余体制，残疾人运动就不能称为是一种职业，他们也就不是劳动者，按照现行的法律，他们就没有资格享受到社会保险的保障。

当然，他们仍然是广大残疾人群体中的一员，在比赛和训练之余，他们可以继续从事其他工作，在其他工作领域享受社会保险。然而，由于要随时听候召唤，一切还要以训练、比赛为中心，因此他们在训练之余也就不能再去从事其他的工作。即使没有比赛，不训练，他们就各自回家休息。因此也就出现了"业余体制，专业运动员"的现象。如果他们要想享受普通残疾人的相关待遇，除非是放弃体育训练或者是等到退役以后才能做到。

第二，从社会保险的资金来源来看，除了工伤保险具有显著的赔偿性质，需要由雇主单方负担之外，其他种类的社会保险来源途径都是要由国家、雇主和劳动者三方共同承担。如果残疾人运动员要参加社会保险的话，按照资金来源途径，首先国家要拨付一部分款项。其次是来自雇主的支付。对于残疾人运动员来说，他们的"雇主"就是各个省的残疾人体育训练中心或省队，而目前它们的运营、资金来源也完全是由国家或地方政府出资的，基本没有社会资金的注入或是其他的盈利收入。因此，作为社会资金的第二个主要来源，"雇主"实际上成为国家和地方政府。再次，就是运动员自身了。目前他们的经济来源主要是训练补贴。这些补贴的方法都是按照当地的生活标准发放的，也就是说仅能维持他们的日常生活所用。如果再让他们缴纳一部分社会保险的费用，无疑是雪上加霜。按照目前的相关政策，"对生活确有困难的残疾人，按照国家有关规定给予社会保险补贴"，最终为这些残疾人运动员缴纳保险费用的还是国家。因此，通过分析，按照目前的情况来看，如果要让残疾人运动员参加社会保险，出资方由三方划归成了一方，就是国家。这就无形之中再次增加了国家的财政负担。在资金有限的情况下，国家是否会出资为残疾人运动员购买社会保险还是值得思考的问题。

第三，即使残疾人体育运动可以被称作一种职业，距离残疾人运动员享受社会保险等待遇也有很长的路要走。因为健全人竞技体育运动员的现实状况就是一个非常典型的例子。李超等在《对我国运动员社会保障的研究》一文中提到了健全人竞技运动运动员社会保障方面出现的问题："第一，只有位于金字塔塔尖的这部分运动员的保障才能得到有关部门的充分重视，特别是对基层运动员的权益保障不够；第二，运动员保障立法工作的滞后；第三，运动员社会保障的社会化程度比较低。"[1]事实上，在健全人竞技体育运动员身上出现的情况同样也表现在残疾人体育领域。而目前健全人竞技运动运动员的社会保障还没有得到有效改善，仍不乏邹春兰、艾冬梅等人的典型案例，那么残疾人运动员的社会保障的改善更是遥不可及。

---

[1] 李超，等. 对我国运动员社会保障的研究[J]. 北京体育大学学报，2007(11).

从以上三个原因可以看出，残疾人运动员享受社会保险还要克服很多困难，绝不是一朝一夕就能实现的事情。

3.3.2.3　残疾人运动员享受社会福利状况

运动员的社会福利包括他们的工资、奖金、教育、就业等方面的优惠政策。它是指国家和社会改善并不断提高运动员物质文化生活水平而采取的各种具有经济福利性的社会政策措施总称，是国家专门针对运动员这一特殊群体出台的一系列改善并提高他们物质文化生活水平的政策。那么，这些福利政策在残疾人运动员领域覆盖和落实的情况怎么样呢？

3.3.2.3.1　残疾人运动员受教育状况

3.3.2.3.1.1　教育让位于训练，质量欠佳

随着社会的发展，人们充分认识到教育的重要性。尤其是在健全人运动员队伍中长期存在的体教分离的情况使得相关部门逐渐意识到并更加重视运动员的教育问题。残疾人体育领域也不例外。在条件允许的情况下，残疾人运动员所在的运动队都会采取多种形式保证运动员接受教育，如聘请教师到基地授课或是与某个学校达成协议，队伍中运动员可以在其学校随班就读等。

但是，经过调查发现，参训后，接受教育的人比参训前减少了13个，有44人接受教育（见表3.30）。而且他们是否能够接受教育在很大程度上要取决于所在的训练基地。如果基地有相关的安排和政策，他们接受教育的机会就更大；反之，则机会非常小。而且这种在基地中接受教育的方式多是以训练为主，完全无法保证教育质量。通过深入调查，这44名接受教育的运动员当中，有23名运动员接受的教育根本不能称之为严格意义上的教育。这23名运动员的年龄差距较大，却集中在一个教室上课，上课时间也只是在每天18:00~19:30，由外聘的教师来到训练基地授课。因此，无论在师资、硬件设施等各方面都达不到一般教育的要求，充其量只能算是一种补习。

表3.30　残疾人运动员是否接受教育（*N*=67）

是否接受教育	频数	百分比/%
是	44	65.7
否	23	34.3

3.3.2.3.1.2　受教育方式灵活但趋于形式

参与训练后，由于不可能全身心的接受教育，他们接受教育的方式也发生了变化。随班就读的人数只剩下8人了（见表3.31）。而且这8人所享有的随班就读与前一阶段也发生了变化。他们须以训练为主。在有比赛或其他活动的前提下，他们大多会放弃上课的时间。

表3.31　残疾人运动员接受教育的方式（*N*=67）

受教育方式	频数	百分比/%
雇用教师来驻地上课	29	43.3
利用业余时间，自己主动报名去职业学校上课	4	6.0
自学	3	4.5
与健全人同校	8	11.9
没有上学	23	34.3

除了通过与健全人同校的方式外，大部分运动员的教育问题需要通过聘请专门教师来驻地上课解决。当然，并不是所有的训练基地都会采取这种方式。有的基地会与某所学校形成合作关系，他们的运动员都可以去这所学校上课，如上海市残疾人体训中心的运动员就可以去上海市体育运动学校上课。一些年龄较小的运动员可以随班就读；而对于一些年龄较大的运动员，就可以通过函授等方式使他们比较轻松地获得文凭。

另外，一些对自己要求特别高的运动员，则会利用业余时间去上一些自己感兴趣而且对自己以后的发展有帮助的课，如一些职业技能课或特长课。但是，由于训练时间安排比较紧，能这样做的人实在是少之又少。

参训后，在前一阶段还有些盲人享受特殊教育的情况，在这一阶段也不复存在了。

总之，在这一阶段，运动员接受教育的方式更加灵活多样了，不再局限于单一的随班就读，但是，从实际情况来看，他们接受教育的质量却远不如从前，更加流于形式。

3.3.2.3.1.3　与健全人运动员相比，残疾人运动员接受再教育机会少

在健全人运动员领域，对运动员，尤其是优秀运动员的社会福利和优抚历来十分重视，从运动队创立开始就把优秀运动员作为一种特殊的群体，在教育等方面都有相应的优惠政策，如教育部 2006 年颁布的《普通高等学校招收高水平运动员的办法》，调整了高水平运动员录取标准，其中对获得一级运动员、运动健将、国际健将及武术精英级（或以上）称号之一的考生，经本人申请可参加招生学校对其进行的文化课单独考试。2002 年，国家体育总局、教育部等六部（局）印发《关于进一步做好退役运动员就业安置工作的意见》。此后，教育部门把保送范围扩大到现役运动员，将达到要求的运动员纳入可以被保送上大学的范围内。

但是，在残疾人运动员队伍中，即使是优秀的运动员，相应的优惠政策的覆盖和落实情况就差多了。能够有幸被保送进入高校学习的残疾人运动员少之又少。在参与调查的 67 名运动员当中，只有两名运动员被保送进入大学学习。这也是残疾人运动员学历普遍较低的原因，且他们的最高学历只为本科。除了保送之外，有本科学历的残疾人运动员大都通过函授等方式在较短的时间内获得的，没有真正地接受应有的教育。而且，在调查的残疾人运动员队伍中，没有获得硕士学历的运动员。一些奥运冠军可以在优惠政策的保障下继续接受教育，如北京体育大学开办的冠军班就是为广大冠军们创造的一个继续教育的机会，但是冠军班成员中却很难寻觅到残疾人运动员的身影。

3.3.2.3.1.4　残疾人运动员未接受教育的原因

与前一阶段相比，参与训练后，阻碍运动员继续接受教育的原因发生了明显的变化。首先，"忙于训练"成为大多数人（69.6%）不再接受教育的原因（见表3.32）。这一现象在体育领域是非常普遍的现象，也是典型的学训矛盾的表现。虽然，这一矛盾已经被多数人所认知，然而解决这一矛盾的方法也只是处于尝试期，"体教结合"模式的推行还需要更长时间的检验。

表3.32　残疾人运动员没有接受教育的原因（N=23）

原因	频数	百分比/%
忙于训练	16	69.6
所在队伍没有安排文化课	3	13.0
认为上学不实际，不如学点技术早就业	1	4.3
认为没有上学的必要，浪费时间	1	4.3
其他原因	2	8.8

其次，有的运动员把没有接受教育的原因归结于所在的队伍。在他们看来，虽然残疾人体育是业余体制，但是他们现在完全接受基地的管理，把自己的所有时间都贡献在训练上，他们的上学问题也应该由所在的部门负责。但是由于并没有安排文化课，他们也就无法接受教育了。

除此之外，阻碍运动员接受教育的障碍主要是他们认为没有上学的必要了。在调查的过程中，很多运动员都发表过这样的感慨，"都多大岁数了，还上学"。他们当中年龄最大的运动员（47岁）有这样的感慨可以理解，但是最不让人理解的是一些二十五六岁的运动员也发出这样的声音。二十五六岁上学对于很多健全人来说是非常普遍的现象，但是他们却认为这个年龄还在读书是一件非常令人诧异的事情。他们之所以有这样的想法，笔者认为，主要是因为他们早已从心底里放弃了上学，年龄的问题应该位居其次。

3.3.2.3.2　残疾人运动员就业状况

参与训练后，他们的生活重心有了新的变化，但是由于残疾人体育是业余体制，他们仍有可能去从事各种各样的工作。

3.3.2.3.2.1　残疾人运动员从事工作类型以体力劳动为主

通过表3.33可以看出，85%的残疾人运动员还是如前一阶段一样处于无工作状态，只有10位残疾人运动员在从事工作，但是工作的类型也多是体力劳动。另外，需要强调的是，有5位运动员在两个阶段都从事某项工作，2位运动员在参训前有工作，但参训后就没有工作；还有5位运动员是参训前没有工作，但参训后有了工作。从这一组变化说明：随着年龄的增长，在国家有关政策的帮助下，就业的人数有所增加，但并不明显；但是也有的人因为参与训练而不得不放弃已有的工作。

表3.33　残疾人运动员从事的工作类型（N=67）

类型	频数	百分比/%
工交运输邮电	1	1.5
商业服务业	2	3.0
农林牧副渔	1	1.5
机关工作人员	1	1.5
其他	5	7.5
无工作	57	85.0

3.3.2.3.2.2　获得的工作多属"挂靠"关系

表3.34的内容反映出：绝大多数参加工作的人是在国家政策的保护下就业的。6人是按比例安置就业，但实际上都是"挂靠"关系。也就是在所在地区的残联的推荐下，他们获得一个工作岗位，无须工作每月就可以拿到一定的生活费（"工资"），但是不享有该单位的任何福利，该单位也不会为其购买各

种社会保险。目前看来，运动员非常满足于此种关系，也因不用工作便可获得收入而非常高兴。但是从深层次讲，这种挂靠关系，只能在一定程度上缓解其就业压力，并不能解决长远问题。

表3.34　残疾人运动员获得工作的途径（N=10）

途径	频数	百分比/%
按比例安置就业	6	60.0
集中就业	3	30.0
好心人介绍	1	10.0

另外，还有3人是在福利企业工作。但是由于自己特殊的身份，他们现在也只是在那里挂名，领取工资。他们大部分时间还是用于训练。至于退役后能否回到这些企业继续工作，仍需要以后的沟通和协调。

除此之外，还有一人是在"好心人"的帮助下获得一份工作。但也是由于常年训练，为了照顾残疾人，才允许只是在那挂名。

从上面种种情况来看，虽然这些运动员拥有一份工作，但是都是有名无实，没有人专门去工作，也并没有掌握必要的工作技能，而且他们没有任何的社会保障。短期内，这种挂靠的关系可以增加他们的生活费用，改善生活质量，但是长远来看，仍是令人担忧。

3.3.2.3.2.3　未充分重视职业技能培训对残疾人运动员就业的影响

表3.35为残疾人运动员是否参加职业技能培训的情况。

表3.35　残疾人运动员是否参加职业技能培训（N=67）

是否参加职业技能培训	频数	百分比/%
是	10	14.9
否	57	85.1

从表3.35可以看出，参加训练后，参加职业培训的人数比之前一个阶段又有所减少。主要原因如表3.36所示。

表3.36　残疾人运动员没有参加职业技能培训的原因（N=57）

原因	频数	百分比/%
不知道去哪里学	28	49.1
认为学了也没用	13	22.8
种类太少，没有自己感兴趣的	3	5.3
交不起学费	2	3.5
其他原因	11	19.3

从表3.36可以看出，"不知道去哪里学"仍是阻碍残疾人运动员进行职业技能培训的主要障碍，有49.1%的运动员因此没有参加。

将表3.36与前一阶段情况相比较可以看出，最明显的变化就是"交不起学费"已经不是阻碍他们参加职业培训的原因。因为只要是训练基地开设的职业培训班对他们都是免费开放的，而且他们可以根据自己的爱好选报培训班。而出现"交不起学费"的情况是因为基地根本就没有开设培训班，而他们如果要参加职业培训的话，必须去参加社会上需要交费才能参加的职业培训班，从而导致了一部分人因交不起学费而放弃培训的情况。

另外一个比较明显的变化是很多"其他原因"成为他们没有参加职业培训的原因。这包括忙于训练没有时间去参加培训、训练之余要上学，或者是年龄较小等原因。事实上，"忙于训练"成为很多运动员不从事其他活动的主要原因。他们可以因为忙于训练不接受教育、不参加康复等。通过去实地考察，每个队伍作息安排各不相同，有的队伍是周一至周五每天大部分时间都在训练，到了周末，他们又都会回家休息，而不愿去干其他的事情；有的队伍是两个星期才允许队员回家休息，其他时间完全封闭起来，出训练基地还要执行严格的请假制度。这样的管理，使他们很少有机会与社会有更多的接触，除非是基地组织的集体活动。因此，也就不可能去参加职业培训了。

　　与前一阶段相比，职业技能培训的种类也趋于相同（见表3.37），这就与各个基地有很大的关系。一般情况下，如果过于高级的培训，对教师、设备、场地等的要求也就相应要高。但是由于经费有限，不可能开设这样的培训班。相反，一些比较大众化的培训项目就比较容易能开展起来。在基地里，或多或少都会有几台电脑供运动员使用，而且现在大多数人对电脑都有浓厚的兴趣。因此计算机培训就开展得比较普遍。这也是多数参加培训的运动员都参加计算机培训的原因之一。另外，其他种类的培训遭遇着众口难调的尴尬。在调查中，有的基地就出现了一些培训项目因无人报名而被迫取消的情况。因此，从基地的角度来看，要切实的满足众人的兴趣，开设出高质量、被多数人喜欢的培训项目是非常不容易的一件事情。这也要求要做好运动员的思想工作，调动他们参与培训的积极性，否则培训不会收到预期的、令人满意的效果。

表3.37　残疾人运动员参加职业技能培训的种类（$N=10$）

种类	频数	百分比/%
计算机	9	90.0
美甲	0	0.0
平面设计	0	0.0
其他	1	10.0

3.3.2.3.2.4　参训后残疾人运动员未参加工作的原因

　　至于那些连挂靠单位都没有的人，他们的生活更是令人担心。首先，他们中有一半的人把目前的训练当成了自己的职业（见表3.38）。尽管是业余体制，并不是所有的时间都训练，但是在役期间，他们根本就没有打算找一份工作，满足于自己的现状。在访谈过程中，当然也有人早已考虑到退役以后生活的艰难，也表达了自己对政府帮助他们解决退役后的工作问题的渴望。

表3.38 残疾人运动员未参加工作的原因（N=57）

原因	频数	百分比/%
丧失劳动能力	4	7.0
自己不愿去工作，怕别人歧视	1	1.8
没有找到合适的工作	9	15.8
一些单位拒绝录用残疾人	10	17.5
参加运动训练已经是我的工作了	27	47.4
其他原因	6	10.5

另外，根据中国残疾人联合会残疾人事业主要业务发展情况（2003~2007年）统计结果显示：2007年，我国参加省级比赛的运动员人数是10157人次，参加市（地）级比赛的运动员人数是51975人次，而且2008年又有了增长的趋势。如此庞大的残疾人运动员队伍渴望着国家能为他们退役后的生活铺平道路。在目前来看，这的确是一项长期、艰巨、非常不现实，但却是非常有必要的任务。

其次，一些"其他原因"，即忙于训练，成为他们没有就业的一个重要原因。实际上，对于那些有工作的运动员来说，如果不是现在的这种挂靠关系允许他们不工作的话，他们也会成为无业人员。在调查过程中，当问一名运动员"如果现在给你一份安稳的工作，你会选择放弃现在的训练吗"，他给了否定的回答。他虽然也很渴望有份安稳的工作，但是他们也有自己的人生目标。更何况他们很多人对现状非常满足（吃、住免费，每天有生活补贴，还可以有比较多的机会参加国内、国际大赛），即使以后毫无保障，他们也觉得应该通过自己的刻苦训练，搏一搏，创造出自己的最好成绩。

3.3.2.3.3 残疾人运动员康复状况

对于残疾人来说，康复是一辈子的大事。参与训练前，参与康复治疗多是在医院进行，这种治疗的环境使他们的心理背负着沉重的负担。而参加运动训练后，他们的身体都有了不同程度的恢复。但是，有的是积极参与康复的，而有的是通过运动训练，歪打正着，间接地达到康复目的。并且，他们康复的效果以及运动训练对其身体康复的利弊也是因人而异的。

3.3.2.3.3.1　多数残疾人运动员身体间接康复

参与训练后，残疾人运动员的康复地点发生了变化。在这一阶段，他们基本上都已完成最初的治疗，离开了医院而走进另一个环境——训练基地。因此，他们此时的康复训练也就不再在医院进行，而是希望通过其他的途径达到更好的康复的目的。为此，有的残疾人体育俱乐部专门设置了残疾人康复项目，旨在通过体育运动达到康复的目的。但是，包括参与调查的运动员在内的很多残疾人参与运动训练的最初目的并不是为了身体的康复，只不过他们通过体育锻炼间接地达到了康复的目的。

从表3.39可以看出，与参训前相比，专门进行康复的人员是越来越少了，已经没有人前往专门的康复医院进行康复了。相比较而言，一部分残疾人希望通过体育运动达到康复的目的，因此报名参加了某一体育项目。在调查的过程中，云之南体育游泳俱乐部就专门设置了残疾人康复这样的项目。而希望直接通过运动训练达到康复目的的运动员只占7.5%，绝大多数运动员的身体康复是在无意识状态中通过运动训练达到的。

表3.39　残疾人运动员进行康复治疗的地点（N=67）

康复地点	频数	百分比/%
家里	2	3.0
训练基地	5	7.5
没有进行康复	60	89.6

3.3.2.3.3.2　运动训练对残疾人运动员身体康复的效果及其利弊因人而异

由于按照教练的指导和辅助，按部就班地参与训练，所以对于一些残疾级别较低的运动员来说，他们身体康复得还是比较明显的，生活自理程度也进一步提高（见表3.40）。甚至有的运动员如果不说自己有残疾，别人都不会发现他们是残疾人。因此，很多人认为运动训练对身体康复是非常有效的。而对于那些残疾程度较严重的运动员来说，通过参加运动训练，也许对他们的康复不会有太明显的效果，但是他们融入整个集体后，明显感觉心情舒畅多了，心理上也更加平衡，找到了自己奋斗的目标和证明自己的途径。因此，对于他们来说，心理上或者精神上的满足要比身体的康复更让他们感到欣慰。

表3.40　残疾人运动员康复的效果（*N*=7）

效果	频数	百分比
非常有效	3	42.9
没什么用，只是让心里更平衡一点	3	42.9
一点用也没有，纯粹浪费时间	1	14.2

然而，需要强调的是，并不是参加运动训练一定能帮助机体更好地恢复，这也是有一定的前提条件的。首先，所参与的项目应当适合机体功能的恢复。在调查中，一位患有小儿麻痹症的运动员下肢行走不是很方便，但是与一些重症小儿麻痹症患者相比，他的症状要轻很多。但是由于他从事的项目是坐式排球，这个项目对下肢的锻炼程度几乎为零，因此他感到下肢的症状不是日益减轻而是越来越严重。其次，训练的负荷要适中。强度过大，会造成机体更大的负担，不但不会减轻残疾症状，反而会有负面影响。再次，训练的科学化程度。由于残疾人运动员残疾部位、残疾程度的不同，这就更加需要根据个人的特点进行科学训练。否则，不但对身体无益，而且会大大缩短运动寿命。最后，当然是与运动员自身的残疾程度有关了。如果是非常严重的残疾，康复的作用就不是十分明显了，只能在心理上给予更多的安慰。

3.3.2.3.4　无障碍环境建设状况

参加训练后，他们的生活圈子发生了变化，生活环境也随之发生了比较大的变化。尤其是对于那些来自农村的运动员来说，他们大部分时间都是在训练，也主要生活在训练基地，因此训练基地的环境对他们的影响要远比家庭所在地的生活环境的要大。为此，他们的主要评价也会主要针对训练基地周围的无障碍环境。

3.3.2.3.4.1 物质无障碍环境建设仍需进一步完善

众所周知，我国体育健儿能在奥运会上摘金夺银离不开举国体制的保障。那么，残疾人体育的迅速发展更是离不开举国体制的保障。国家为了能为残疾人运动员提供比较优越的训练条件，投入了大量的财力、物力和人力。尤其是北京残奥会的举办更是促使一部分高级体育场馆的诞生，如中国残疾人奥林匹克运动管理中心、北京市残疾人体育训练和职业技能培训中心。上海市专门为残疾人体育训练兴建了上海市残疾人体育训练中心，广州也有广州残疾人奥林匹克运动管理中心。这些设施都是集多种功能于一身，对无障碍建设也是高标准、高要求。因此，在这些地方训练的残疾人对无障碍建设的满意度非常高，但是这仅局限于训练基地内部。当他们踏出训练中心的大门的时候，还是会遇到种种诸如前一阶段出现的障碍和不便（见表3.41）。

表3.41　残疾人运动员对物质无障碍环境的满意度（$N=67$）

满意度	频数	百分比/%
一点都不满意	3	4.5
不满意	2	3.0
一般	39	58.2
比较满意	19	28.4
非常满意	4	6.0

另外，这些多功能的训练中心多集中在经济较发达的城市，而在我国大部分地区都还没有条件兴建这些场地，大都靠租用场地维持训练。在调查过程中，云南省的一位教练员就曾说过，他们现在的状况是有钱就练、没钱就散。由于是租用场地，场地的无障碍设施或者非常不完善或者根本没有。对于这些地方来说，无障碍设施的建设还有很长的路要走。

3.3.2.3.4.2 信息、网络无障碍建设问题突出

残疾人运动员对信息技术、网络无障碍建设的满意度见表3.42、表3.43。

表3.42 残疾人运动员对信息技术无障碍环境建设的满意度（N=67）

满意度	频数	百分比/%
一点都不满意	15	22.4
不满意	15	22.4
一般	23	34.3
比较满意	11	16.4
非常满意	3	4.5

表3.43 残疾人运动员对网络无障碍建设的满意度（N=67）

满意度	频数	百分比/%
一点都不满意	23	34.3
不满意	20	29.9
一般	11	16.4
比较满意	11	16.4
非常满意	2	3.0

另一方面，前一阶段存在的信息无障碍问题在这一阶段仍十分突出。视力残疾或语言障碍的残疾人更是处于弱势。在网络建设方面，无障碍网站数量有限，能够设置无障碍版本的网站也多局限在一些残疾人的网站或部分政府性的网站，大部分网站并没有实现网络无障碍。从残疾人运动员对两者的满意度来看，目前各运动队对此建设还存在较多的问题。

为了能够测试无障碍网站的建设情况，笔者也尝试着登录拥有无障碍版本的网站，发现这些网站大都不够完善，比较突出的问题是这些网站登录速度慢、内容与正常版的内容相比也失色不少。在调查过程中，很多运动员本人都不会登录这些网站浏览网页。而在新闻媒体上宣传过的一些专门为盲人运动员设计的软

件，他们并不知晓。由于计算机软件属于高科技产品，在安装、使用过程中会遇到很多麻烦，必须经过严格的培训才能顺利使用，因此即使有人听说过这样的软件，也因为无法完成操作而使得这些软件可望而不可即，成为一种摆设。

3.3.3　残疾人运动员训练、参赛保障状况

3.3.3.1　残疾人运动员训练软硬件保障

3.3.3.1.1　残疾人运动员训练的硬件保障

3.3.3.1.1.1　我国残疾人运动员训练基地建设突飞猛进，但仍不够完善

　　硬件保障是残疾人体育训练顺利开展的前提条件。改革开放以来，我国逐步建立了一些残疾人体育训练基地，标志着我国残疾人事业的发展和残疾人体育事业所取得的成就，为广大残疾人参与体育活动和残疾人运动员的训练提供了便利。尤其是北京残奥会的举办更是引起了政府对残疾人体育的关注，并投资兴建了一些功能完善、设施齐全的残疾人训练基地。目前，已挂牌的省、市（地）残疾人体育训练基地分别达到174个和533个❶，分布在全国各个省份。但是现在可供残疾人运动员训练的综合性训练基地并没有那么多。这些训练基地具有以下几个特点。

　　首先，建立时间比较晚。由于我国经济基础比较薄弱，残疾人体育起步也比较晚，导致很多训练基地都是在20世纪末才建立起来。而一些功能完善、设施齐全的残疾人训练基地也只是在近几年才刚刚兴建完毕。如，北京市残疾人体育与职业技能培训中心是2007年9月4日刚刚落成，位于北京的中国残疾人体育综合训练基地也是2007年6月28日刚刚竣工。

　　其次，依托现有有利资源，实现共享。受经济的影响，以及为了节约资源，充分利用已有资源，目前，多数残疾人训练基地都是在已有的一些体育资

---

❶ 中国残疾人联合会. 2008年中国残疾人事业发展统计公报[EB/OL].(2009-04-23)[2009-08-13].http://www.cdpf.org.cn/sjzx/tjgb/200904/t20090423_357742.shtml.

源上，通过改造或直接使用实现共享的，如各省体育学院的场馆、已有的健全人体育训练基地，而专门为残疾人体育兴建的场馆相对较少。

再次，专门为残疾人体育发展兴建的综合性训练基地多位于经济较发达的城市。目前，北京、上海、广州等省份拥有专门为发展残疾人体育而兴建的综合性体育训练基地。而在西部省份建立的训练基地多是为了实现高原训练的目的而与健全人体育训练共享资源，如云南海埂训练基地、青海多巴中国残疾人体育训练基地、甘肃天水市体育中心。

最后，残疾人体育训练仍有租用场地维持训练的情况。虽然训练基地的建设已经有了显著的改善。但还不能惠及所有的残疾人训练队伍。仍有一些队伍是靠租用场地来维持日常训练，如云南云之南青年游泳俱乐部。这个俱乐部为云南省、国家队输送了诸多的游泳冠军，如王晓福、熊小铭等，但是目前该俱乐部的训练场地还需靠租用，维持日常的训练。

3.3.3.1.1.2　残疾人运动员训练设施改善明显,但仍不够人性化

随着我国对残疾人体育的日益重视，用于残疾人运动员训练的设施也有明显改善。国家也投入了大量的财力用于改善残疾人运动员训练设施。

从表3.44可以看出，40名运动员对于场地等设施还是比较满意的。但也有34.3%的运动员认为场地等硬件设施一般，还有的运动员对场地有些意见，希望能有所改善。

表3.44　残疾人运动员对训练场地设施的满意度（N=67）

满意度	频数	百分比/%
非常不满意	0	0.0
不满意	4	6.0
一般	23	34.3
比较满意	26	38.8
非常满意	14	20.9

这是由于运动项目、残疾程度、残疾部位因人而异，运动员训练对场地等设施的要求也有不同程度的差异。由于诸多场地是根据健全人的要求兴建的，有的项目、有的运动员对场地要求较低，完全可以实现与健全人运动员共享同一场地。但是对于一些特殊项目，特殊残疾程度和部位的运动员来说，他们对于场地的要求就会更加严格。在调查过程中，一位脑瘫田径运动员就反映他们日常训练的田径场场地表面过硬，由于他的右脚落地时前脚掌受力较大，地面过硬会对其身体造成一定程度的伤害。而且，这位运动员还反映辅助训练器材不够健全。他们是在露天田径场训练，周围并没有安装诸如帮助压腿等的器械。因此，对于场地等硬件设施的满意度也会因为不同项目、不同残疾部位、不同残疾程度的运动员的情况而有比较明显的差异。

3.3.3.1.1.3　国家加大投入改善残疾人运动员训练用器材，但器材制约项目发展

由于项目不同，对器材的需求也各异。部分残疾人运动员除了对场地有些特殊要求之外，还会对器材有着更高的要求，如从事轮椅篮球、轮椅击剑等的运动员就对比赛专用轮椅有着特殊的要求。据调查，目前残疾人运动员所使用的比赛专用器材都是由国家或所在的省队提供的。这些器材大都价格昂贵，一台轮椅就需2~3万元，更高级的轮椅甚至达10万元。并且由于我国目前生产残疾人体育器材的厂商较少或质量不高，残疾人体育需要的器材大都需要从外国进口。正是由于这个原因，很多省队因为经济原因，只开展一些花费较小的体育项目或主抓几个项目以节约资金。另外，通过实地考察，各个队伍专用器材配备也与当地政府资金支持有密切关系。如上海的轮椅击剑队因为器材配备充分，该队有20几名运动员同时训练，而云南省的轮椅击剑队因为资金、器材不足，现在只有6名运动员在训。

3.3.3.1.1.4　残疾人运动员日常生活保障因地而异

除了场地、器材，运动员的日常生活保障也是非常关键的硬件保障。目前，现有的训练基地大都是集训练、住宿、餐饮于一体。运动员吃、住、训都能得到保障。但是，保障质量也是因地而异。上海市运动队能够实现营养配

餐、标准住宿，还设置了综合活动室、体育科研室、文化学习室、电脑培训室、图书阅览室、休闲娱乐室等，无障碍设施也比较齐全，而云南省的个别队伍则只能达到最低标准，日常业余生活比较单一。

总之，残疾人体育发展所需的硬件保障在逐步得到改善，为残疾人运动员提供了比较稳定和较好的硬件条件，运动员满意度较高。但是，目前残疾人体育硬件保障还仍呈现出较明显的地域差异。在保障经济发达城市的残疾人运动员训练的同时，还应更加关注地区经济发展较落后的省份。同时，不应仅靠国家出资保障残疾人体育的训练，还应充分利用各种社会资源，通过各种途径为残疾人体育训练提供硬件支持。

3.3.3.1.2　残疾人运动员训练的软件保障

除了硬件方面的支持，残疾人运动员训练同样离不开软件方面的保障。如果硬件保障是残疾人运动员训练的前提，那么软件保障就是运动员取得优异成绩的助推器。

3.3.3.1.2.1　残疾人运动员训练教练员配备

在软件方面最为重要的就是队伍教练员的配备情况。根据《2008年中国残疾人事业发展统计公报》统计，在我国，省级相对稳定教练员645人，市（地）级相对稳定教练员1301人。针对教练员的情况，本研究对上海队、云南省的部分残疾人教练员进行了调查。其社会经济特征如表3.45所示。

表3.45　残疾人体育教练员概况（N=7）

维度		频数	百分比/%
年龄	20~30	1	14.3
	31~40	1	14.3
	41~50	4	57.1
	51~60	0	0.0
	61~70	1	14.3

续表

维度		频数	百分比/%
性别	男	6	85.7
	女	1	14.3
文化程度	小学	0	0.0
	初中	0	0.0
	高中或中专	0	0.0
	大学及以上	7	100.0
是否是残疾人	是	0	0.0
	否	7	100.0
担任教练年限	1~3年	0	0.0
	4~6年	1	14.3
	7~9年	0	0.0
	10年以上	6	85.7
执教残疾人体育年限	1~3年	1	14.3
	4~6年	4	57.1
	7~9年	1	14.3
	10年以上	1	14.3
是否全职	是	3	42.9
	否	4	57.1

虽然参与调查的教练员只是教练员队伍中一小部分，但是经过与教练们的沟通和交流，他们的情况在残疾人体育教练员队伍中具有一定的代表性。目前，中国残疾人体育教练队伍主要具有以下几个特点。

3.3.3.1.2.1.1　残疾人运动员训练教练员日益稳定但"不专业"

所谓的残疾人运动员教练员"不专业"主要是从以下三个方面来说的。

首先，残疾人运动员教练员都采用聘任制，按照教练员职称（务）等级的高低择优聘任。从残疾人运动员教练员的来源来看，他们大都是有工作单位的，在残疾人体育队伍中只是承担一定的工作，属于兼职人员。即使在调查过程中有一部分教练员认为自己是全职教练，那也是由于他们已经退休或没有其他单位，他们也是没有任何编制的。由于大部分教练员是兼职工作，便不可能将全部精力投入残疾人运动员的训练当中，难以保证训练的质量。

其次，"不专业"主要是指大部分教练员都是健全人，缺乏对残疾人体育项目的体会。虽然他们在健全人体育方面具备多年的执教经验，但是残疾人体育的训练在很多方面是完全不同于健全人体育的。不仅不同项目的训练存在差异，同一项目的不同运动员的训练也有很大的差异，如上肢残疾的运动员和下肢残疾的运动员的训练就有很大的不同。正是这种特殊性使得残疾人体育的训练不能简单地一概而论。它需要教练员细致地分析不同运动员的情况，并根据不同运动员的情况制订不同的训练计划。而目前，这种要求是很难实现的。因此，现有的教练员还不够"专业"（见表3.46）。

表3.46　残疾人体育教练员主要来源（N=7）

来源	频数	百分比/%
体育局教练员	2	28.6
高校体育院系教师	1	14.3
退休教练员	2	28.6
体校教练员	3	42.9
退役运动员	1	14.3
体育院校毕业生	1	14.3

另外，"不专业"是指残疾人运动员教练员参加与运动训练有关的培训的次数少之又少。从表3.47情况来看，虽然他们都具有多年执教经历，但是培训次数则过少。由于大部分教练员都是健全人，他们只是依据训练健全人的经验来执教残疾人运动员。而残疾人运动训练与正常人相比，在项目设置、比赛规则、训练方法、医学分级、残疾标准等方面有许多特殊性和专业性，这就对教练员的知识结构、文化层次和实际工作能力提出更高的要求。这就需要教练员

在原有的知识结构、执教经验的基础上构建符合项目发展需要的训练知识结构
及能力结构，能够运用先进的训练思维与专门的手段指导残疾人运动训练。通
过培训，不仅可以增强教练间的交流和互动，还可以学习国际上先进的执教理
念和训练方法，不断完善自己。但是，关于残疾人运动员教练员的培训工作却
没有很好地开展，不利于教练员素质的提高。

表3.47　残疾人体育教练员参加与运动训练有关的培训的次数（$N=7$）

次数	频数	百分比/%
0次	3	42.9
1~2次	1	14.3
3~4次	2	28.6
5~6次	0	0.0
7次以上	1	14.3

3.3.3.1.2.1.2　残疾人运动员训练教练员年龄结构不合理

残疾人体育教练员年龄偏大，年轻教练员较少。从教练员的年龄分布（见
表3.48）可以看出，一位71岁的教练仍然在为残疾人体育做贡献，而刚从体校
毕业的教练员只有1名。出现这一情况的原因，首先，年轻教练员在执教方面
缺乏经验，一定程度上还担当不起执教任务。其次，年轻教练，尤其是刚毕业
的年轻人，他们都会设定较高的人生目标，充分考虑自己以后的发展和出路，
而残疾人体育教练员这一职位的现状还无法满足他们的需求，他们大都不愿从
事这份工作。经过调查，事实上，大都是因为第二种原因的存在，从而导致目
前残疾人体育教练员队伍中年轻教练较少。

表3.48　残疾人体育教练员年龄分布（$N=7$）

年龄	频数	百分比/%
20~30岁	1	14.3

续表

年龄	频数	百分比/%
31~40岁	1	14.3
41~50岁	4	57.1
51~60岁	0	0.0
61~70岁	1	14.3

一般来讲，年龄较大的教练员都具有丰富的执教经历，但在创新性和接受新的训练方法方面，他们就比年轻教练员稍逊一筹。从项目的可持续发展来看，建立一支老、中、青合理搭配的教练员队伍很有必要，对迅速提高我国残疾人体育训练科学水平和残疾人体育项目的可持续发展也都很重要。

3.3.3.1.2.1.3 残疾人运动员训练教练员选拔缺乏竞争机制

从成为残疾人运动员教练的途径来看，实际上他们大都还是为了服从上级领导的安排（见表3.49），在事先征求他们的意见的前提下，参加到执教工作中来的。这就反映出了目前教练员的选拔缺乏竞争机制，难以保证理论知识丰富和运动水平较高的教练进入教练员岗位，也难以调动全体教练员的积极性和进取心。显然，这种入选方式难以完成训练目标，严重影响运动水平的提高。

表3.49 成为残疾人体育教练员的途径（N=7）

途径	频数	百分比/%
层层选拔、考核、竞聘上岗	0	0.0
上级领导根据需要委派	4	57.1
毛遂自荐	2	28.6
残联挑选	2	28.6
同事推荐	0	0.0
运动员退役后转做教练	0	0.0
其他途径	0	0.0

在调查过程中，一位教练员认为要选拔出一名优秀的教练员比挑选运动员更加困难。因为目前残疾人体育教练员只能是聘任制，没有任何保障，相关待遇也不是很高。这就使得很多人不愿意担任残疾人体育教练员。因此，只能从一些有工作单位的人员中选聘，来解决他们的后顾之忧。

除了缺乏本国教练的竞争，在残疾人体育教练员队伍中也没有外来教练的冲击。在健全人体育中，外教执教是非常普遍的事情，也给国内的教练员带来了冲击和新鲜的执教理念。但是在残疾人体育领域，没有雇用任何外教前来执教。关于"是否有必要雇用外教前来执教"这个问题，教练员和运动员大都持否定态度或无所谓的态度，并没有太大的热情（见表3.50、表3.51）。

表3.50　残疾人体育教练员关于"是否有必要聘请外教"的观点（N=7）

观点	频数	百分比/%
是	0	0.0
否	7	100.0

表3.51　残疾人运动员关于"是否有必要聘请外教"的观点（N=67）

观点	频数	百分比/%
是	16	23.9
否	17	25.4
无所谓	34	50.7

首先，总体上来说，残疾人运动员对国内教练的执教水平还是比较满意的。在调查过程中发现，教练员不仅担当教练的角色，而且是运动员日常生活中的好帮手、好老师、好朋友。教练是运动员的密切接触者，他们共同生活在一起，一起奋斗，一起共渡难关。而生活中、训练中出现困难的时候，残疾人运动员首先想到的会是向教练倾诉，而不是管理者。因此，教练员对运动员的关心、爱护使得残疾人运动感到非常温暖，他们的感情都非常深厚。而假如

有外教执教的话，由于他们文化程度普遍较低，首先在交流上就出现很大的障碍，他们就会失去生活中的好老师、好朋友，这是他们非常不希望看到的事情。

其次，他们认为，按照他们目前的运动水平，根本没有必要聘请外教。由于大型比赛较少，集训的机会也比较少，运动员大部分时间都在自己的省队进行训练。在省队里，运动员的水平是参差不齐的，而且，中国在很多项目上已经名列前茅，教练员的水平在国际上也是非常高的。现有的教练员已经可以完全胜任运动员的训练任务，根本没有必要请外教。

再次，聘请外教必然需要资金支持，而这在当前是不现实的。虽然残疾人体育连续在两届残奥会取得辉煌成绩，但是目前残疾人体育的发展还是完全需要政府支持的，缺乏独有的融资渠道。而且现在很多省份由于经济原因，日常训练都无法顺利进行，聘请外教更是不可能的事情。

最后，我国残疾人体育实行的业余体制，不适合聘请外教。残疾人体育的业余体制决定了残疾人运动员不可能天天训练或长期训练，有的运动员有自己的单位，有的还在上学，他们只是在需要比赛的时候才会放下目前的工作或学习投入训练，因此，没有运动员投入训练，也就没有教练执教，请外教更是不实际的了。

因此，目前种种现实决定了残疾人体育当中聘请外教是不现实的事情。大部分运动员正是出于其中一种或多种考虑，大都不热衷于聘请外教。而在笔者看来，聘请外教的问题与目前我国残疾人体育的定位关系密切。聘请外教不仅仅担负着摘金夺银的使命。事实上，通过聘请外教，可以与其就训练理念、训练方法等进行交流、沟通，解放教练员、运动员甚至是管理人员的思想。尤其是，外教可以将国外残疾人运动员训练模式、日常生活管理，甚至国外残疾人保障的一些先进经验带进国内，是一笔巨大的财富。因此，诸多教练员、运动员关于"是否聘请外教"的观点具有一定的现实性，但也具有较大的片面性。对于他们来说，需要重新定位残疾人体育，不断更新自身理念。

3.3.3.1.2.2　残疾人运动员训练科研支持状况

科学技术以其巨大的功能影响着社会生活的方方面面。特别是今天，计算机为基础的网络化，把世界连接为一个整体，新技术革命浪潮席卷整个世界。体育运动作为社会文化的主体内容之一，早已是科技渗透的重点领域，特别一些最新的科技手段和科学发现，都极迅速地运用于竞技体育运动中。对于残疾人竞技体育来说，科学技术成果也广泛地应用于比赛器材当中，如田径运动员使用的假肢、轮椅运动员使用的轮椅等都在发生着翻天覆地的变化。但是由于这些器材价格昂贵，一些省队很难支付如此巨额的资金，因此他们采取的措施就是少买或不买。只有那些入选国家队的运动员，国家才会为其花费巨资购买相应的器具。

除了一些运动器材的革新之外，残疾人体育的可持续发展离不开科学化训练的保障。所谓科学化训练是指对训练全过程的科学控制，是训练科学理论、方法和技术在运动训练中的全面、广泛地运动。[1]科学化训练不仅有助于培养全面发展的新型体育人才，而且能增加运动训练的科技含量。利用科学的训练方法和手段，可以减少甚至避免训练的主观性和盲目性，增加客观性和针对性，最大限度地提高训练效率，这也是科学化训练的核心任务。

然而从现实调查中发现，目前的残疾人运动队中只有29.9%的残疾人运动员享受过专门的科研支持，有70.1%的运动员只是在教练员已有的执教经验下进行训练的（见表3.52）。

表3.52　残疾人运动员训练是否有科研支持（$N=67$）

是否有科研支持	频数	百分比/%
是	20	29.9
否	47	70.1

[1] 林力,等. 构建体育运动科学化训练体系[J]. 研究与探索,2003(6).

为了使科研真正为训练服务，我国曾经以不同的方式对"科训结合"的模式进行探索，主要包括以下方式❶：①下队形式。倡导与要求科研人员走出实验室到运动队为训练实践提供科技服务，这带有一定的行政命令，但毕竟在科技与训练的结合上迈出了第一步。②课题形式。科研人员带着研究课题下到运动队，进行科研攻关与科技服务。这种方式对鼓励科研人员下队发挥了重要的作用，科研的深度与针对性加强了，训练中的科技含量有了提高。但对科研人员的评价与考核的依据主要是课题，而课题又侧重于鉴定与评奖，因此在解决关键问题上，还存在着局限性。③科技教练（科技领队）形式。下队的科技人员被称为"科技教练"，更多地参与队里实际的训练工作，这种方式试图探索在体制与机制上解决科训结合的问题，是一种较好的尝试。④"科训医"一体化体制的雏形。"科训医"一体化的形式是在上述三种科训结合的方式上发展与完善起来的。

在调查中发现，目前我国残疾人高水平运动队的科研服务基本上采取的是课题形式，只有在有重大比赛时，才会根据运动队的需要临时聘请一部分科研人员为其服务。这种方式虽然在一定程度上能缓解燃眉之急，但从运动队的长远发展看，对残疾人高水平运动队的服务却无法做到更深入、更系统的服务。至于为什么目前各运动队缺乏科研支持，主要存在以下几个原因。

第一，残疾人体育的业余体制决定了当地政府或相关部门不可能投入大量资金用于队伍的建设。他们认为，教练员已经完全有能力来执教运动员了，无须额外的科研投入。

第二，资金的缺乏。每年用于残疾人运动员训练的资金有限。有的省队连基本的日常训练都难以维持，根本就不可能会考虑将有限的资金投入到科研训练中去。

第三，在我国，包括健全人竞技体育运动队伍在内的运动队对科研的重视程度远远低于国外。在国外，专门的科研队伍都为运动员建立训练数据库，并运用先进的软件对采集的相应数据进行分析整理，用于指导和改善训练方法、

---

❶ 景俊青,等. 我国残疾人高水平运动队科研服务形式的调查研究[J]. 西安体育学院学报,2009(9).

训练负荷。然而，在我国这些科研工作并没有得到应有的重视。残疾人体育更是缺乏这样的认识。

第四，目前各省队运动员的水平较低，无须进行科研辅助。在调查过程中，一位教练员就明确地说："科研辅导是非常有必要的。但是，目前的运动员的水平都比较低，还未达到需要进行科研辅助的地步。科研是帮助那些高水平的运动员精益求精的，而现在的这些运动员不用科研辅助，就有很大的提升空间，还达不到那种需要精益求精的程度。"

3.3.3.1.2.3 残疾人运动员训练队队医设置状况

众所周知，运动训练是通过身体练习等手段对运动员的生物属性进行改造的过程。它是一项多学科交叉应用的系统工程。但是，决定运动成绩的主要因素是选材、运动训练（包括专项技术和身体训练手段）及恢复措施（包括伤病防治和疲劳恢复），三者缺一不可。因此，运动训练的成功与否越来越取决于运动员、教练员、队医三者的相互关系。❶可见，队医在提高或确保运动员成绩方面发挥着巨大的作用。

然而，在残疾人竞技体育运动队伍中，队医的设置情况却并不容乐观。通过调查发现，目前各省残疾人体育队伍中并没有单独配备队医，而是整个训练基地共用1~2名队医，负责运动员日常疾病的治疗或普通伤病的诊治。运动员、教练员对队医的工作只看重按摩放松；天长日久，队医也只偏重按摩，似乎只要会按摩就可当队医了。致使许多与科学训练有关的医学措施被认为是研究人员干的，与队医无关。

实际上，队医的工作重点应当是为运动员消除疲劳，增强体能，促进恢复和超量恢复，防止过度疲劳的发生，保证运动员系统训练的进程顺利进行。但是这一点，并没有被教练员、残疾人运动员充分认识。一些在健全人竞技领域经常使用的恢复措施，如蒸汽浴、热水浴、能量物质、营养补剂等并没有得到

---

❶ 李水灵. 运动队队医在科学化训练中的客观地位与作用[J]. 上海体育学院学报，2002(11).

很好的应用。

而对于队医来说，他们自身也缺乏敬业精神，并没有有效地完成自己的使命，没有积极地融入训练中去。

3.3.3.2 残疾人运动员参赛状况

3.3.3.2.1 残疾人运动员"以赛代练"机会分布不均

各种水平的比赛可以有利于残疾人运动员的配合，考验其心理素质，有利于运动员个人以及整体的技战术水平的提高，也非常有利于加强对其他队伍的了解，取其精华，避免闭门造车、骄傲自满。因此，"以赛代练"逐渐成为各国运动队提高自身水平的重要的训练方法。而更现实的是，残疾人运动员生活状况的改善、命运的改变要靠比赛。

随着对残疾人体育的重视程度日益增强，残疾人运动员走出国门和参加比赛的机会也越来越多。然而，对于目前的残疾人运动员来说，他们以赛代练的机会仍存在很大的差异（见表3.53、表3.54）。

表3.53　残疾人运动员训练是否经常参加国际大赛（N=67）

选项	频数	百分比/%
是	21	31.3
否	46	68.7

表3.54　残疾人运动员训练是否经常参加国内大赛（N=67）

选项	频数	百分比/%
是	28	41.8
否	39	58.2

从表3.53、表3.54可以看出，有68.7%的运动员并没有太多的机会参加国际比赛，而58.2%的运动员连国内的比赛也很少有机会参加。没有参加比赛的

机会，就如没有机会上战场的士兵一样，永远也得不到锻炼，永远也无法证明自己的价值。

目前，残疾人运动员参加比赛的种类主要包括残疾人奥林匹克运动会、特奥会、聋奥会、全国残疾人运动会、各个项目的锦标赛、达标赛、省运会等。在调查过程中，有的运动员反映，"残奥会邻近的时候，尤其是北京残奥会的时候，由于是东道主，他们参加国内外比赛的机会相对较多。而残奥会过后，他们一年也就只能参加一次比赛，甚至很多运动员一年内都没有比赛"。这就使很多运动员抱怨训练没有目标，从而严重影响了他们训练的积极性。导致他们很少有机会参加比赛的原因主要有以下几方面。

第一，与残疾人体育的业余体制有一定的关系。业余体制就意味着得不到专业体制应受的重视。无法获得像训练专业运动员一样的训练，也就无法获得那么多的比赛机会。

第二，资金缺乏。比赛的组织、举行以及参加比赛都需要花费巨大的资金。而在目前情况下，由于残疾人体育比赛的市场影响力较小，其他筹资渠道闭塞，从而导致资金来源单一。运动员比赛所需的一切费用都是由国家出资。由于资金有限，因此参加比赛的次数也会相对减少。

第三，队伍实力悬殊，没有比赛必要。由于各支队伍比赛实力悬殊，从而使比赛失去了悬念，根本无法调动运动员比赛的积极性，也就失去了比赛的意义。长此以往，形成了恶性循环。

第四，残疾人竞技体育的目标就是为国争光，彰显我国残疾人事业的丰硕成果。事实上，残疾人运动员无论是日常的训练和比赛，目的都是为了为国争光、为所在的省份争光。而要做到这一点，就需要举全国之力，来确保一部分有实力的运动员的水平提高。在资源有限的情况下，就导致了参赛机会的不均等。

3.3.3.2.2 残疾人运动员比赛异化现象时有发生

在残疾人运动员的刻苦训练下，残疾人体育运动员之间势均力敌，比赛精彩纷呈。他们在赛场上表现出来的自强不息、顽强拼搏的精神更是鼓舞人心。

对于残疾人运动员自身来说，他们实现了人生价值；而对于健全人来说，也受到鼓舞和教育，意义非凡。但是，在这些精彩背后，残疾人运动员比赛也逐渐出现了诸多不和谐的状况，甚至异化现象。

"异化"一词来源于拉丁字"alienatio"（异化、外化、脱离）和"alienare"（转让、异化、分立，让异己的力量统治，让别人支配）。异化是一种自我的丧失，是人本身的活动变成一种独立于人的异己力量，并且这种力量反过来剥夺人的自由，使人从属于他，变成他的工具。❶

在健全人竞技体育领域，伴随着健全人竞技体育的政治化、商业化、职业化，不可避免地产生了一些与现代竞技体育的宗旨相违背的异化现象，如"假球""黑哨""球场暴力"等。现在，健全人竞技体育的异化问题一直困扰着健全人竞技运动，并且对其影响愈来愈深。残疾人竞技体育比赛体现的是自强不息、顽强拼搏的精神。这里应该是一块绝对的净土，和"异化"联系不到一起。但是，在深入采访和了解后发现，这里也有我们不愿看到的一面。表3.55是参与调查的7名教练员对"残疾人体育领域是否有异化现象"的回答。

表3.55　残疾人体育领域是否有异化现象（*N*=7）

是否有异化现象	频数	百分比/%
是	7	100.0
否	0	0.0

从表3.55可以看出，参与调查的7名教练员都认为目前残疾人体育领域存在异化现象。而在残疾人体育领域存在的异化现象主要表现在以下几个方面。

3.3.3.2.2.1　残疾人运动员参赛目标的本末倒置

残疾人竞技体育的目标包含两个层面：一是要完成残疾人体育赋予它的目

---

❶ 庞建民,等. 对竞技体育中异化现象的分析与研究[J]. 体育文化导刊,2007(1).

标，即用自己的身体和意志证明自己突破生命局限的勇气，充分展示自己的人格尊严，体现自身的价值，并达到康复的目的；二是要完成竞技体育本身所具有的目标，即达到为国争光的目标。

然而，残疾人运动员在参加比赛的过程中，过度强调了为国争光的目标。为了达到这一目标，参与残疾人竞技体育的人（主体）与残疾人竞技体育（客体）之间关系异常不协调。这种关系的不协调就是指参与者（包括教练员、残疾人运动员、裁判员、管理者等）原本是追求自身的发展或身体机能的恢复，但反过来却为了运动成绩和物质奖励而牺牲了原本的目标。

对于残疾人运动员来说，获得优异的运动成绩，尤其是残奥会等大型比赛的奖牌，不仅意味着自身价值的实现，意味着为国争光目标的实现，也意味着巨额的奖金和荣誉，以及整个人生的转折。因此，有的残疾人运动员为了能够取得优异的运动成绩，宁愿牺牲自己的身体。还有的运动员竟然不希望自己的身体康复，因为如果康复了，他就会被分到竞争更激烈的级别，那样夺得冠军的机会就会大大减少了。

残疾人竞技运动的主体是人，残疾人竞技运动的目的是实现残疾人运动员自身的全面发展。在残疾人竞技运动与金牌、排位、指标，甚至政绩挂钩情况下，残疾人运动员参与比赛的目标发生了转化，残疾人运动员身体的康复不是参与残疾人体育的目标，而成为创造成绩的工具，甚至是牺牲品。竞技的本质是为了"夺标育人"，原本是为了追求人的自身的发展，如果带着某种功利目的去参与竞技，就失去了竞技体育的原有的意义。

3.3.3.2.2.2　残疾人运动员参赛过程的异化——不公平竞争

残疾人竞技体育过程的异化主要指组织、训练、体育竞赛的过程中一些非理性、非科学、非人性甚至非法手段的采用，导致竞技体育过程的变质，从而导致不公平竞争的出现。主要表现在以下几个方面。

3.3.3.2.2.2.1　残疾人运动员分级不公

残疾人运动员的医学和功能分级，是伴随着残疾人体育竞赛活动的发展而逐步形成和完善的。对残疾人运动员进行医学和功能分级，不仅仅是残疾人体育的一大特色，更是残疾人体育的重要组成部分；是残疾人体育公平、公正的前提和保障，也是我国残疾人运动员走向国际竞技大舞台的必要条件。

但是在调查中，一位教练员描述残疾人运动员分级情况："在一些项目中，即便是残疾程度差别较小，对比赛结果也有很大的影响。分到这个级别，可能只排第八名，但是到了另外一个级别，拿冠军都是可能的！在一些国内的比赛中，级别划分很容易出问题。"

另外，从表3.56也可以看出，残疾人运动员们也对运动员的分级并不是很满意。有65.7%的残疾人运动员对运动员分级持否定或折中态度。

正是因为个别教练员、运动员没有正确认识残疾人体育在残疾人事业中的作用，没有正确理解残疾人运动员参加残疾人体育比赛的意义，在国际、国内比赛分级过程中，出现不配合分级师的工作，甚至有意弄虚作假隐瞒自己的真实情况，达到有利于自己的级别获利的现象。这种现象不仅扰乱了正常的比赛秩序，破坏了公平、公正的比赛环境，影响了残疾人体育的健康发展，还在国际组织中造成了不良影响。

表3.56　残疾人运动员对运动员分级的满意度（N=67）

满意度	频数	百分比/%
一点都不满意	5	7.5
不满意	11	16.4
一般	28	41.8
比较满意	17	25.4
非常满意	6	9.0

3.3.3.2.2.2.2　残疾人运动员身份作假

竞技性是竞技运动的灵魂。残疾人竞技体育的竞技性也越来越强。为了能够在比赛中获得胜利，一些运动员和教练员也会铤而走险，绞尽脑汁。残疾人身份作假在残疾人体育比赛中也是经常出现的现象。一名田径教练员说:"某代表队派出了健全运动员假扮成智障运动员参加田径比赛。由于这名运动员可能是过于兴奋了没有收速,跑得太快了,引起了大家的怀疑。后来他被查了出来,是专业的田径运动员!"

除了国内赛场,国际赛场同样也上演了类似的情况。2000年10月29日,尽管当时的国际残疾人奥委会主席罗伯特·斯特沃德(Robert Steadward)在闭幕式上面对悉尼奥林匹克体育场内欢声雷动的近10万名观众,将悉尼残奥会称为"迄今最好的"时候,仍无法掩盖该届比赛爆出的一大丑闻——史无前例的伪装智障人事件。国际残疾人奥委会发现,大约有超过2/3(69%)的智障类运动员的登记表是无效的。因此悉尼残奥会上颁发的近100枚奖牌应被追回。这也导致了智障人运动员在缺席了2004年雅典残奥会后,再次无缘2008年北京残奥会,而且至今仍无权参加由国际残疾人奥委会(IPC)组织举办的任何体育赛事。

3.3.3.2.2.2.3　残疾人运动员服用兴奋剂

在健全人体育领域,兴奋剂问题由来已久。几乎每届奥运会都会出现运动员服用兴奋剂的案例。随着残奥会的逐步发展壮大和国际声誉的不断提升,残疾人竞技体育领域也不再是一片净土,促使残疾人运动员使用违禁药物或违禁方法提高成绩的诱惑也在不断加大。前中残联主席邓朴方反复强调,残疾人参加体育运动的目的是为了康复,绝对不能为了奖牌而使用药物摧残身体,这是违反人道主义精神的。

虽然我国残疾人运动员当中还未查出服用兴奋剂的案例,但是国际赛场上的教训还是值得我们关注的,也是不容忽视的。

迄今为止,IPC官方网站上尚未公布完整的历届残奥会兴奋剂检查数据。但根据笔者搜集整理的一些不完全的统计报道,残奥会历史上有案可查的兴奋剂检查记录有以下这些。

1992年巴塞罗那残奥会上,有3名运动员被查出服用禁药类固醇。

1996年亚特兰大残奥会兴奋剂检查未查出一例阳性。

2000年悉尼残奥会有11名运动员兴奋剂检查结果为阳性。

2004年雅典残奥会进行680例兴奋剂检查，查出10例兴奋剂违规（其中赛外检查2例），其中有3名力量举运动员因服用蛋白同化制剂类禁药被终身禁赛。

2006年都灵冬季残奥会进行了242例兴奋剂检查（赛外检查103例，赛内检查139例），未查出一例阳性。

2008年北京残奥会进行了1106例兴奋剂检查，查出3例阳性，均受到IPC禁赛两年的处罚。另有1例阳性案例为参赛前由运动员本国反兴奋剂机构查出。

3.3.3.2.2.2.4 裁判员执裁水平有待提高

裁判员是运动场上的"法官"，具有绝对权威性。由于残疾人体育所具有的特殊性，竞赛规则也与健全人体育存在很多不同之处。如何根据残疾人竞技比赛的特点来提高裁判员的执法水平，也成为如何更好地发展残疾人竞技运动的一个重要课题。裁判员作为规则的执行者，其水平的高低将会直接影响残疾人体育比赛能否顺利进行、比赛的公平性及整个残疾人体育事业的发展。

从表3.57可以看出，残疾人运动员对于裁判员的执裁水平的满意度还有待进一步提高，只有30.3%的残疾人运动员对裁判员的执裁表示满意，仍有64.2%的运动员不太认同裁判员的裁决。

表3.57　残疾人运动员对裁判员执判水平的满意度（N=67）

满意度	频数	百分比/%
一点都不满意	0	0.0
不满意	6	9.0
一般	37	55.2
比较满意	13	19.4
非常满意	8	11.9
没有比赛过	3	4.5

在比赛中，裁判员在执裁过程中出现诚信缺失的情况，故意偏袒一方，整治一方，"打黑分、吹黑哨"的现象愈演愈烈。尤其是在一些主观性评分或集体项目比赛中，如盲人足球赛场，问题最多，各队相互指责并不偶见，甚至到对簿公堂的地步。另外，典型的还有盲人门球、脑瘫足球等项目也经常出现执裁不公等现象。这些不守诚信的裁判员的行为，使残疾人竞技体育失去了魅力和平等竞争机会，限制了运动员的正常发挥，严重破坏了残疾人竞技体育的宗旨。

另外，我国裁判员的国际化水平较低，在执裁尺度、执裁心态、执裁时机等的把握、执裁规格上还存在很大问题，对相关规则的了解也不够深入。这些都限制了裁判员的执裁水平，从而影响了比赛的质量及其顺利进行。

3.3.3.2.2.3　残疾人运动员参赛结果的异化——运动员奖励分配不公

在健全人竞技领域，运动员通过比赛，"胜者为王败者为寇"的现象十分突出。取得比赛的胜利，鲜花、金钱和名誉也就随之而来；而失去了胜利，一切便会化为乌有。在残疾人竞技体育领域同样上演着这样的"悲剧"。一个比赛冠军对于残疾人运动员来说意味着更多。

获得冠军的残疾人运动员可以获得奖金、荣誉，甚至是退役后一份安稳的工作，而没有获得冠军的运动员即使也经历了多年的艰苦训练，即使也为此落下了一身的伤病，他们能获得的物质补偿只是10~30元/天的训练费，以及训练期间的包吃包住。对于他们来说，退役后的生活没有任何的保障，一切还要依靠自己。

正是这种鲜明的对比，金钱和名誉便会驱使运动员、教练员想尽一切办法，不择手段，谋取不该属于他们自己的胜利。

3.3.4　参训中制约残疾人运动员发展的因素

3.3.4.1　整个残疾人群体以及运动员所处大环境的影响

受传统文化的影响，在整个社会中，残疾人群体已属弱势群体。与健全人相比，整个残疾人的生活境遇就处于劣等地位；而残疾人运动员又属残疾人群体中的一个特殊的群体，双重特殊身份使得他们处于比较尴尬的境地。

另外，在我国，运动员的社会保障问题一直是制约我国竞技体育改革与发展的"瓶颈"。妥善做好运动员社会保障工作是关系体育后备人才的培养、运动队伍的建设乃至整个体育事业可持续发展的大问题。但是这一问题的解决一直以缓慢的势态前进。健全运动员的保障都存在诸多的问题。在如此大环境下，残疾人运动员的社会保障也会受到很大影响。

3.3.4.2 经济因素制约

残疾人竞技体育的发展是以经济为基础的。没有雄厚的经济后盾，中国残疾人体育不可能实现可持续发展。然而，从目前状况来看，残疾人竞技体育发展所需的资金来源渠道狭窄，主要靠政府出资和社会公益基金的维持，从而很大程度上影响了残疾人体育软硬件配备以及改善。其次，残疾人运动员保障资金的投入方面存在较大的地区差异，与健全运动员相比也存在较大的差距。正是因为经济条件的限制，导致很多运动项目在一些省市难以维持，只能集中精力发展部分项目。

3.3.4.3 政治因素的介入

竞技性是竞技体育的灵魂。从国际上来讲，为了取得比赛的胜利、扩大自己国家在国际上的影响力，残疾人竞技体育赛场可以成为各个国家显示本国实力、塑造民族形象的一个政治舞台。从国内来讲，残疾人运动员同样也可成为其所在省份、地区赢得荣誉的砝码，他们取得的成绩的高低同样也与当地政府部门的政绩相挂钩。因此，正是这些政治因素的介入，使得残疾人竞技体育赛场也不再是那么地单纯。

3.3.4.4 制度的制约

3.3.4.4.1 残疾人竞技体育业余体制的影响

与健全人竞技体育不同的是，残疾人竞技体育采用的是业余体制。业余体制就意味着得不到专业体制应受的重视，无法获得像专业运动员一样的训练，无法获得那么多的比赛机会。在教练、科研人员、医务人员等人员配备上以及硬件设施的建设上也都不可能达到专业体制的要求。

残疾人竞技体育虽是业余体制，却仍要承担为国争光、彰显我国残疾人事业优异成果的艰巨任务。有限的人力、物力、财力却要完成如健全人竞技体育同样的使命，这就有可能促使一些不合理手段的引入以及不和谐现象的产生。

3.3.4.4.2　残疾人运动员社会保障制度的缺失

残疾人运动员所从事的职业具有高风险、高投入、周期长的特点。他们应当受到应有的重视，他们的生活也应获得充分的保障。然而，目前，残疾人竞技体育领域出现"重发展、轻保障"的现象，并没有把残疾人运动员的社会保障提升到战略高度，关于残疾人运动员社会保障的制度并未建立起来。另外，残疾人运动员保障立法工作也滞后于残疾人体育的发展。有关残疾人运动员就业安置、医疗、保险、福利等方面的法律、法规都还是空白。

因此，这就在一定程度上影响了更多残疾人参加到残疾人体育中来的积极性和残疾人竞技体育的可持续发展。

3.3.4.5　残疾人竞技体育自身因素的制约

3.3.4.5.1　残疾人竞技体育发展起点低、基础薄弱

由于我国残疾人竞技体育的发展从20世纪80年代才逐渐步入正轨，发展中的事物存在或多或少的问题是不可避免的。而对相关队伍的建设的认识也有一个循序渐进的过程，如分级师、裁判员队伍建设还在完善期。这都是需要时间和不断的摸索、实践才能不断完善的。而对残疾人运动员这一群体的认识和重视也需在相关人员的努力下逐步实现。

3.3.4.5.2　金牌连带效应的驱使

在市场经济的大背景下，激烈的竞争使得残疾人处于更加不利的地位。他

们可以展示自己、证明自身价值、改变自己命运的机会越来越少。对于残疾人运动员来说，残疾人竞技体育赛场是他们值得一拼的地方。尽管残疾人竞技体育不是生产领域，但是一枚金牌足以使诸多人受益。首先，残疾人运动员可以因此获得他渴望得到的东西，既证明了自己，也可以获得奖励以及名誉。其次，培育他们的教练员也会因此受益匪浅。再次，所在的运动队也会因为培养出了冠军选手而名声大噪，为所在的省份、国家赢得了荣光。一系列的连锁反应使得这枚金牌的价值远远大于其自身的价值。也正因为如此，对于冠军的渴望，对于运动成绩的追求导致残疾人竞技体育领域问题突显。

3.3.4.5.3 过于重视残疾人体育的竞技目标而忽视其社会目标的实现

从不同的角度来看，发展残疾人竞技体育的目标可以分为个人目标、社会目标以及竞技目标。

从残疾人个体的角度看，体育是残疾人康复、健身的手段，是沟通人际关系、参与社会活动的桥梁，是树立生活信心、实现自身价值的重要途径。[1]

体育作为一种健康的身体活动和积极的生活方式，对残疾人而言，他们参加运动训练的目标就是要帮助身体康复和健体强身，获得更多参与社会活动的机会和促进人际交流，消除悲观情绪、唤醒生活信心和展现自我价值。

另外，随着国家对残疾人体育的重视，能够在大赛中，尤其是残奥会中争金夺银的运动员，不仅会获得较丰厚的奖金，还会成为众多人心目中的英雄，可以说是名利双收。这对于很多人来说，参加残疾人体育并获得较好的成绩是一次改变自己现有命运的绝佳机会。

从社会的角度看，残疾人竞技体育，首先是推动残疾人大众体育发展的重要动力。它可以从精神上引导残疾人大众崇尚"强壮"、明确体育锻炼的目的；从形式上吸引大众热爱体育，提高参与意识。其次是通过残疾人体育健身，达到提高国民身体素质的社会目的，同时也为社会主义现代化生产提供合

---

[1] 奚天明. 和谐社会视角下残疾人体育发展的社会学分析[J]. 成都体育学院学报, 2008(5).

格的劳动力。再次是通过残疾人参与体育竞技，激发残疾人乃至国民自强不息和克服困难的勇气，同时通过残疾人在激烈竞争中所表现出来的拼搏精神和旺盛生命力感动社会，净化社会风气。最后是通过残疾人参与国际比赛，扩大国际影响，激发爱国热情，振奋民族精神。❶

从竞技体育自身的角度来说，残疾人体育能够在如此短的时期内取得如此辉煌的成绩，离不开国家、社会的支持。它能够获得支持的原因，是因为追求残疾人体育为国争光、展示社会文明的目标。当运动员在赛场上凭借自己的顽强拼搏，用残缺的躯体描绘出一幅幅动人的画面的时候，当鲜艳的国旗升起在赛场的时候，这种骄傲不仅仅是属于个人的，更是属于整个国家、整个民族的。这也是诸多国家不惜一切代价为残疾人体育的发展提供有利的条件，促进其发展的原因。

另外，竞争是竞技体育的灵魂。残疾人体育同样也在追求着属于自己的那份功利的目标。社会中的竞争之人或各种类型的团体，为了同一个追求目标而进行力的较量，决出胜负或优劣，并进行利益的再分配。竞技体育的竞争是社会竞争的一种基本形式。体育竞争的目的是为了击败某种对立物，追求既定的功利目标，传播和宣扬某种价值观念。而且这些功利目的是公之于世的，如给优胜者颁发的锦标、奖章、物质奖励以及其他的社会荣誉和社会利益。由于竞技体育功利的产生和确定产生于对抗之中，经过一定形式的社会承认，结论不容置疑。而且它的确定过程直接而又迅速，一个竞赛过程结束，功利结果立见分晓。正是因为竞技体育的公平追求和确定具有这样的特征，于是常常引起强烈的社会反响，激发更加强烈的竞争愿望。然而，必须指出的是，竞技体育的功利追求只有和观众的功利追求相吻合时，才能产生社会价值。❷

归根结底，残疾人竞技体育的发展就是要充分发挥其示范效应、辐射作用、榜样作用，吸引更多残疾人参加体育运动。通过残疾人竞技体育的发展来

---

❶ 奚天明. 和谐社会视角下残疾人体育发展的社会学分析[J]. 成都体育学院学报,2008(5).
❷ 卢元镇. 中国体育社会学[M]. 北京:北京体育大学出版社,2000.

检验我国助残环境以及残疾人体育发展各环节，以此来更好地推动整个残疾人事业以及体育事业的发展。而残健融合是残疾人体育追求的最终目标。^❶残疾人体育的发展就是要推动和谐社会背景下残疾人事业的进步，激励广大残疾人自信、自尊、自强、自立，最终实现残疾人"平等、参与、共享"。

从现实情况来看，残疾人竞技体育在其发展过程中，竞技目标及残疾人运动员个人目标都取得了巨大的成果。通过参加残疾人竞技体育，残疾人运动员的身体状况有了不同程度的康复，也或多或少地实现了自身的价值；同样他们也通过自己的奋力拼搏为国家、为所在的地区、队伍赢得了荣誉。然而残疾人体育的社会目标的实现却不容乐观，残疾人竞技体育并没有发挥其模范带头作用，推动整个残疾人体育事业的发展，距离残健融合终极目标的实现还甚远。

3.3.4.6 残疾人运动员自身因素的制约

与健全人运动员不同的是，残疾人运动员的生活更是艰难，残缺的肢体使他们在激烈的竞争中处于劣势地位。对于他们来说，除了日常的每天10~30元不等的训练费用，他们没有任何其他收入。为了以后的生活打算，他们必定会将所有的希望寄托在运动成绩上。另外，由于他们的文化水平相对较低，对很多事情的危害性无知，无法做出正确判断，很容易被人教唆，做出铤而走险的事情。

3.3.4.7 人道主义、人文精神的缺乏

残疾人运动员残缺的肢体需要人道主义精神的关怀。前残联主席邓朴方先生也反复强调要发扬人道主义精神，平等对待残疾人，帮助他们更好地参与社会生活。然而，在参赛过程中，受各种利益的驱使，有些人把在竞技体育比赛中取胜作为唯一的目标，不惜采取一切手段取得比赛的胜利，哪怕会伤害残疾人运动员的身体健康；或者为了取得胜利，指使、教唆运动员弄虚作假。这些都是人道主义、人文精神缺乏的表现。这些现象、思想严重违背了体育道德，

---

❶ 吴燕丹. 融合与共享:论和谐视域中残疾人体育的可持续发展[J]. 体育科学,2008(10).

违背公平竞争的基本理念与基本信条，是残疾人运动员参赛过程中出现问题的主要原因，也是残疾人竞技体育不能可持续发展、优秀运动员不能可持续发展的主要原因。

3.3.5 小结

参训后，残疾人运动员的人生有了新的起点。通过运动训练，他们的身心状况都有了不同程度的改善，在不同程度上实现了自身的价值，其中心理状况的改善更为突出。通过运动训练，残疾人运动员的自信心明显增强，而且克服各种生活困难的能力增强。除此之外，由于可以获得一定的训练补贴或者比赛奖金，他们的生活状况也比参训前有了较大的改观。因此，参与运动训练对于残疾人来说是非常有意义的，也是十分值得提倡的。

然而，由于整个大环境、经济因素、政治因素、制度因素、残疾人竞技体育自身因素以及残疾人运动员个体因素等的制约，无论在软硬件的保障上、参赛过程中，还是在社会保障方面，都还存在一定的问题。最主要的原因是我国残疾人体育在其发展过程中过度强调其竞技目标与残疾人业余体制之间的矛盾。这就导致了诸多不和谐因素的出现。

另外，"重发展、轻保障"也是导致诸多问题出现的原因。残疾人运动员的生活、就业等得不到充分的保障，必定影响其参与的积极性和残疾人体育的可持续发展。

3.4 退役后残疾人运动员的生存状况及其制约因素分析

参与运动训练就意味着退役。对于大部分残疾人运动员来说，他们最关心的自然是退役后的安置问题。如果无法获得相应的安置，他们的生活又可能再次面临重重困难，缺乏保障，甚至会回到原来的起点。那么，是什么原因导致他们退役？他们退役后的生活到底是怎样的呢？他们是否实现了自己当初的梦想？本研究将展开详细介绍。

3.4.1 残疾人运动员关于退役的态度及其原因探析

3.4.1.1 残疾人运动员对退役所持态度及其原因

对于运动员来说，退役是个无法回避的话题。在调查中发现，残疾人运动员对于退役是持有非常谨慎的态度的。

从表3.58可以看出，有退役打算的只占29.9%，仍有47名残疾人运动员并没有打算退役。而他们没有打算退役的原因也是多样的（见表3.59）。

表3.58 残疾人运动员是否有退役的打算（N=67）

是否有退役打算	频数	百分比/%
是	20	29.9
否	47	70.1

表3.59 残疾人运动员没有打算退役的原因（N=47）

原因	频数	百分比/%
年龄还小	20	42.6
没有达到既定目标，希望继续奋斗	37	78.7
退役也不知道干什么，还不如继续训练	6	12.8
希望继续为中国残疾人体育事业做贡献	25	53.2
教练和领导的劝说	10	21.3

从表3.59可以看出，排除年龄还小的运动员，其他人没有选择退役的原因主要包括以下几个方面。

第一，"没有达到既定目标，希望继续奋斗"是大部分运动员没有打算退役的主要原因，占到了78.7%。这是因为，首先，与健全人体育相比，残疾人体育的竞技性要相对较弱，因此造成的伤病也相对较少；很多项目对年龄的需求也不是很高。因此，如无其他意外原因，很多残疾人运动员都可以保持较长的运动寿命。而成为一名残奥冠军又是每一位残疾人运动员的梦想，所以他们会为此继续努力。其次，对于他们来说，这种举全国之力为他们创造改变自己命运的机会是其他任何工作都无法实现的。他们认为只要自己还能坚持训练，还有机会参与大赛，就值得为此再坚持下去，实现自己的梦想。在调查的过程中，上海残训中心的一位举重运动员已近50岁，曾多次参加过残奥会，但都没有如愿以偿。因此一直坚持到北京残奥会。现如今，他终于如愿以偿，实现了自己的梦想，夺得北京残奥会举重金牌。

第二，"希望继续为中国残疾人体育事业做贡献"的想法也是他们对退役持谨慎态度的原因。我国传统的民族主义精神，通过体育运动为国争光的光荣传统，为残疾人运动员创造了一个良好的环境，他们也一直在接受着这样的教育。当鲜艳的五星红旗升起，嘹亮的中华人民共和国国歌奏响的时候，他们心中的自豪感、荣誉感是任何事物都替代不了的。而通过为残疾人体育做贡献，更能充分实现自己的人生价值，是件两全其美的事情。所以，他们也不会断然退役，而是抓住现在的机会继续奋斗。云南游泳队运动员熊先生就是这样一位。他已经连续获得两届残奥会的金牌。按照一般人的观点，他应该见好就收，开始另一种生活了。但是他认为自己是国家培养出来的，是国家让他拥有了现在的一切，只要他还有能力代表国家参赛，他就要继续为残疾人体育事业贡献自己的力量。

第三，教练及领导的观点对残疾人运动员是否退役有着很大的影响。如果祖国还需要，所在的队伍还需要，残疾人运动员定会义无反顾地练下去。毕竟不能忘记国家的培养，要时刻听从国家的召唤。这也是一些退役运动员在国家的召唤下复出的原因。张小玲，曾在第8~12届残奥会上，一次不漏地囊括了她所在级别的女子乒乓球单打和团体的两块金牌，创造了历届残奥会乒乓球比赛迄今为止唯一的"五连冠"，被圈内人士誉为"乒坛常青树""乒坛皇后"、中国代表团金牌来源的最稳定"供应户"等。北京残奥会时，51岁的她在国家的号召下再次出征，为我国夺得一枚宝贵的铜牌，圆满地结束了自己的残奥会征程。

第四，由于残疾人的社会保障较低，其他的选择也较少，而在训期间他们的基本生活还是有充分的保障，因此除非特殊原因，他们还是会谨慎选择退役。在调查过程中，云南队的 J 女士就认为现在他们的生活非常好。虽然挣的钱不多，但是队里对他们都很照顾，吃住都包。而且他们还有机会去国内各个省市、甚至国外打比赛，开阔眼界。这样的机会对他们来说非常珍贵。因此，对于他们来说，也不会轻易选择退役的。

3.4.1.2　残疾人运动员退役的原因

尽管残疾人运动员对退役持有谨慎的态度，但是人都会老，老了就得退休。运动员也会老，也会有身心疲惫、需要退役的那一天。总的来说，残疾人运动员退役的原因是多方面的，并不仅仅是因为年老的缘故。通过对 7 名残疾人运动员的了解发现，笔者认为残疾人运动员退役的原因主要有以下几个方面。

3.4.1.2.1　伤病缠身

虽然残疾人体育的竞技性相对较弱，造成伤病的可能性相对较小，但是，运动本身就是挑战人体极限，在训练和比赛中，由于各种原因所致，受伤也是在所难免的事情。另外，残疾人运动员身体本身就有缺陷，虽然训练会对身体起到一定的康复作用，但是由于训练不当或急功近利也会适得其反，给身体带来更大的伤害。因此，日积月累，伤病就会越来越严重，从而导致有的运动员因伤病而不得不退下来。云南"云之南游泳俱乐部"的 K 教练以前也是一名残疾人运动员，曾获得 2000 年悉尼残奥会游泳金牌。但是由于肩关节劳损严重，他不得不选择退役，改作教练，继续为残疾人体育事业做贡献。

3.4.1.2.2　见好就收

有的运动员会选择在成绩达到顶峰之时突然退役，以求全身而退。由于他们已经取得了较高的成绩，他们认为，自身也很难有再大的突破；或者是他们又有了其他更好的发展机会，使他们毅然放弃一直为之奋斗的项目，全身而退。当然，也有很多运动员在国家需要他的时候，再次出战为国争光。上海残训中心的一位举重运动员连续参加几届残奥会，直到北京残奥会时才获得一枚金牌。但北京残奥会以后，他就萌生了退役的念头，一是因为自己的确年纪较大，二是希望见好就收，凭借现在的资本为自己开辟另外一条道路，更好地改善自己的生活状况。

3.4.1.2.3　后顾之忧

在运动中时间过长，将减少残疾人运动员退役后选择其他职业的机会。而且在面对新的起点的时候，运动员往往缺乏适应社会其他职业和升学的基本专业技能和文化知识。这就使得运动员常有后顾之忧。因此，有的残疾人运动员不愿将太多的时间花费在一件事情上，而是希望为自己将来做更多打算，寻找新的机会。

通过对残疾人运动员在训期间生存状况的调查可知，他们受教育和接受职业培训的机会都需要让位于训练。这就造成了很多运动员文化水平不高，也缺乏一定的职业技能。退役后，他们就更加难以适应社会对综合型人才的需求，也难以在激烈的竞争中占据一席之位。因此，当他们感到在运动成绩方面不会有太大突破的时候，也不希望再继续训练下去，还不如早点选择其他出路，为以后早作打算。云南籍一名游泳冠军就意识到了这一残酷的现实。在发现自己已经很难达到昨日的辉煌，便产生较大的担忧。即使仍有机会参训、参赛，他也会毅然拒绝，为自己的体育生涯画上句号，另辟他径，继续实现自己的人生价值。

3.4.1.2.4　后生可畏

在体育比赛中，优胜劣汰是非常现实的问题。而且比赛场上也不会有常胜将军。由于训练条件、训练方法的改变，年轻运动员的迅速成长的确给一些老运动员带了巨大的冲击。除了在比赛经验方面占据一定的优势，他们在其他方面都失去了优势。这就使得他们参赛机会越来越少。久而久之，就会产生厌倦心理，没有继续参与运动训练的动力，最终选择退役。上海市一位游泳运动员曾经入选2000年悉尼残奥会中国体育代表团，代表中国参加比赛。但是由于临场表现欠佳，最终他无果而归。而当他雄心勃勃，立志要参加2004年雅典残奥会的时候，他发现一批优秀的年轻队员已经成长起来，并超越了他。他再次失去了在残奥会上摘金夺银的梦想。2008年北京残奥会时，恰逢主场作战，他又希望能够重披战袍时，但2004年残奥会的一幕又重新上演。在遭遇两次挫折之后，这位运动员便萌生了退役的念头。他觉得自己已经远远被年轻队员超越，2000年时的辉煌难再续了。

3.4.1.2.5　其他原因

除此之外，也还有些其他原因导致残疾人运动员退役，如家庭原因、人际关系不和、待遇不等、对某事物不满等都有可能会成为残疾人运动员退役的导火线。

3.4.2　参训前期望实现情况

在参与训练前，即使是那些最初没有明确期望的运动员，在逐渐了解了这一领域之后，也会像其他有明确期望的运动员一样，希望运动训练能为自己带来更多的改变。那么，在经历了漫长的参训期并最终退役之后，他们的期望有没有实现呢？他们回顾自己的运动生涯是否真如他们所愿呢？通过对7位退役残疾人运动员（6位残奥运动员及1位普通残疾人运动员）的深入了解，他们期望的实现情况如表3.60所示。

表3.60　残疾人运动员退役后期望实现情况（N=7）

期望实现情况	频数	百分比/%
满足了自己的爱好	2	28.6
成为其他残疾人的榜样	3	42.6
改善了自己的身心状况	4	57.1
改变了自己的命运	6	85.7
证明了自己的价值	7	100.0

3.4.2.1　充分证明其自身价值

从表3.60可以看出，参与调查的7位退役残疾人运动员都认为，赛前期望实现最理想的就是通过运动训练证明了自己的价值。他们当中有6位曾经参加过残奥会，且获得过奖牌，为国争了光，也为残疾人体育事业做出了巨大的贡献。因此，他们认为自己的人生价值得到了充分实现。即使是那位没有参加过残奥会的运动员，也认为自己同样为残疾人体育事业做出了贡献。赢得奖牌固然很好，但是没有参加残奥会并不代表自己一事无成，他也曾经获得过全国残奥会以及锦标赛的冠军，这同样为国家赢得了荣誉，同样可以证明自己的价值。

3.4.2.2　一定程度上改变其命运

对于每一位参加运动训练的运动员来说，他们最大的期望就是通过参加运动训练改善自己现有状况，不向命运低头。然而，这7位退役残疾人运动员并不完全认为运动训练可以改善他们的命运。其中持不同意见者就是那位未曾参加残奥会的运动员。尽管他也为残疾人事业做出了巨大贡献，但是他退役后的归宿的确不能与另外6位残奥运动员相比。

在这6位残奥运动员当中，有3位是在当地与残疾人有关的事业单位工作（其中两位还被保送进入大学）；2位担任教练员，继续培养残疾人运动员；还有1位是通过获得比赛奖金自己创业。但这位未曾参加残奥会的运动员，由于在训期间未获得过较大的比赛奖金，因此也没有太多的积蓄供自己创业，现在只是位普通的公司员工。他现在的收入只能维持自己的生活。与另外6位相比，他的生活更加艰难一些。所以，他认为运动训练并没有改变自己的命运，但他仍无怨无悔，非常热爱这份事业。

3.4.2.3　一定程度上改善其身心状况

体育运动可以在一定程度上改善残疾人的身体状况，这也是经过科学证明的。但是，这7位退役运动员当中仍有3位持不赞同观点。通过了解得知，一般体育运动和运动训练存在较大的差距。对于运动员来说，为了获得成绩，达到目标，训练强度和量必定要远远大于平时的锻炼。有的甚至是以牺牲自己的身体为代价换取成绩。这在竞技体育领域也是的确存在的现象。因此，参与运动训练只能在一定程度上改善运动员的身体状况。

但是，这7位运动员普遍认同运动训练对于心理状况的改善是非常明显的。通过与他们的谈话，笔者也可以强烈地感受到他们的自信，甚至是一种自豪的感觉。这也使得其中一位运动员说出了这样一句话："即使退役后我们的生活回到原点，我们也不后悔参加残疾人体育。因为最起码我们的心找到了一个很好的归宿，我们不认为自己是一个废人了。"

3.4.2.4 一定程度上改变别人对待他们的态度

社会歧视、社会排斥现象的存在也是促使残疾人努力寻找途径证明自身价值的影响因素之一。这就充分说明，参训前，他们受歧视、受排斥现象还是比较严重的。但是通过对这7位退役残疾人运动员的了解可知，有3位运动员认为运动训练改变了别人对他们的看法。以前瞧不起他的人在得知他们获得残奥会奖牌后都投来了羡慕的目光，甚至有些素不相识的人都给他们写信，寄送礼物。这种成就感是任何金钱都买不到的。他们也可以像姚明、刘翔一样成为别人心目中的英雄，成为别人学习的榜样。

当然，与奥运冠军相比，残疾人运动员的影响力要低得多。所以，还有4位运动员认为自己只是位普通的残疾人运动员，谈不上成为别人学习的榜样。

3.4.3 运动生涯对残疾人运动员就业影响

无论是在残疾人体育领域，还是健全人竞技体育领域，运动员退役安置问题一直是困扰体育界的一大难题。健全人竞技体育领域有艾冬梅、邹春兰等人的典型案例。残疾人体育领域也不乏这种案例。在实地考察过程中，一位著名教练员就透漏了云南省一名曾为国家多次夺得游泳金牌的著名运动员退役后的境遇。除了因获得金牌而得到的奖金之外，国家没有给予他任何保障，工作仍无着落，迫于无奈，他只能硬着头皮凭借自己多年来的积蓄去创业。而他十几年来一直就是训练、比赛，没有任何经商经历，只能去赌一把。为国家争得了无数的荣誉，但还是无法享受到很多普通健全人能够享有的权利。与那些奥运冠军相比，这位残奥冠军的经历的确是逊色了许多。

对于残疾人运动员来说，如果无法实现安置，他们又将恢复到以前的状态，成为家庭、社会的负担，而他们重新建立起来的信心也会功亏一篑。调查的过程中，运动员们强烈反映"希望能够借助政府的力量，帮助自己找到一份能够自己养活自己的工作，不再使自己成为家人的负担"。然而，运动员就业难已经成为不争的事实。残疾人运动员更是面临着困难的境地。每当运动员走下领奖台时，再好的成绩也成为历史；每当运动员退役以后，运动时的辉煌也只能是一种美好的回忆。当他们不再有荣耀的光环笼罩，就会跟普通的残疾人一样，成为社会中的弱势群体。因残疾而带来的重重困难又会接踵而来，成为他们新的人生的绊脚石。

在这一次人生的挑战与转变中，如果说残疾人运动员辉煌成绩的背后是血与汗交融的结果，那么他们所面对的"后运动员人生之路"则更加艰辛。残酷的现实、激烈的竞争又不得不促使他们在最短的时间内完成角色的转变，努力克服重重困难，积极投入到新的生活中去。

3.4.3.1　退役残疾人运动员就业现状

3.4.3.1.1　从事的工作类型

残疾人体育发展初期，退役残疾人运动员的安置多是消极的、被动的，安置的路径也非常地狭窄，大都依靠国家的力量，从而给国家造成了很大负担，且就业安置面狭窄，易造成局部人员饱和。随着社会的发展以及国家对残疾人群体的日益重视，退役残疾人运动员的安置有了一定程度的改观，在原有的基础上出现了多样性的新方向和新思路。总结下来，残疾人运动员退役后，一般从事以下工作。

3.4.3.1.1.1　运动训练工作

　　长期的运动训练使他们积累了丰富的训练经验，从而也具备了担任教练的资本之一。因此，在队伍需要的情况下，他们就留下来，继续为残疾人体育事业做贡献。上海市残疾人体训中心以及云南云之南游泳俱乐部都不乏这样的例子。其中，著名残疾人游泳运动员熊某就兼任教练的职务，继续为残疾人游泳事业贡献自己的力量。

　　但是，在调查中发现，能够担任教练的退役残疾人运动员实属少数。首先是因为教练员同样需要多方面的才能，训练经验只是其中之一。由于残疾人运动员文化程度相对较低，这就使他们在训练方法等方面缺乏更深刻的了解，从而大大降低了他们成为教练员的可能性。更重要的是，由于残疾人体育是业余体制，教练员同样也是业余的，这种职业性质使得这份职业并不是十分地稳定，而且待遇也比较低，如果在有其他选择的情况下，这份工作的竞争性就大大降低了。

3.4.3.1.1.2　在残联等事业单位内就职

　　在调查中发现，还有相当一部分的残疾人运动员在退役后供职于所在地区的残联等残疾人组织或其他事业单位，从事相关的工作。在参与调查的运动员当中，有三位运动员（皆为奖牌运动员）就属此类，要么在当地残联工作，要么在所在地的残疾人体训中心工作。他们之所以能够进入这些部门，一部分人是通过自己的努力经过重重考试才入围的；也有的是因为具备所需的才能，在当地政府或他人的帮助下进入的。对他们来说，能够成为一名公务员或事业单位的工作人员，这已经是非常令人满意的了，也是令其他残疾人运动员羡慕的。

3.4.3.1.1.3　自主创业

　　实际上，能在事业单位任职的人毕竟是少数，而且多集中在奖牌运动员之中。对于其他的残疾人运动员来说，自主创业现已成为他们退役后的主要出路之一。他们不再仅仅依赖于政府，而是通过自己的一技之长和努力，在国家和政府的优惠政策下，开起了盲人按摩院、康复中心等，为自己闯出一片天。平亚丽在北京开办盲人按摩中心就是一个非常典型的成功案例。1999年，靠着亲朋好友的东拼西凑，平亚丽利用在盲校里学过的中医推拿技能，在家里办起了盲人按摩所。凭借自己的努力，平亚丽的按摩院开得有声有色，甚至开起了按摩中心连锁店，生意越做越大。她说，现在她活得"有尊严，有滋有味"。

另外，也有的运动员凭借自己在参赛过程中获得的奖金为资本，大胆尝试，投资自己感兴趣的领域，下海经商。如云南籍某游泳冠军就是凭借自己的比赛奖金，发挥自己的特长，做起了生意。有的来自农村的残疾人运动员在退役后回到老家，从事养殖等农村特色的工作。宫宝仁，曾获2枚残奥会金牌，被誉为"无臂蛙王"，退役后在沈阳近郊创办养殖场，实现了向"养猪大王"新角色的转变。

总之，他们都竭尽所能利用自身的资源和周围的环境优势，为自己闯出一片天。

3.4.3.1.1.4　公司员工

除此之外，对于那些缺乏创业资本又无力进入政府部门的运动员来说，就必须选择其他的谋生路径。虽说身体的残疾使他们很难从事许多工作，但他们仍不乏就业机会。比如说商场、超市、服装厂、编织业等部门，一些残疾人就完全能胜任。因此，很多残疾人运动员退役后就会在多方帮助和自己的努力下进入这些公司、工厂，成为一名员工，从事自己力所能及的工作。上海市残疾人体训中心的一位运动员在训期间的工作关系就挂靠在上海市一个大超市内。退役后，他就就职在这一超市内，从事力所能及的工作。林海燕，为中国射击队夺得北京残奥会第一枚金牌，2岁时因小儿麻痹症腿部残疾，是北京一家化妆品公司的员工。中国坐式女排选手吕红琴现在是上海长宁区一家商场的职员。正是凭借自己的努力，他们实现了自食其力，并开始了新的人生。

3.4.3.1.2　退役残疾人运动员就业存在的问题

虽然，残疾人就业途径出现多样化的趋势，残疾人运动员也开始转变，但是残疾人运动员退役后的归宿仍存在较多问题。在众多残疾人运动员中，能够实现就业的残疾人运动员人数仍不容乐观。

3.4.3.1.2.1　与健全优秀运动员相比，残疾优秀运动员的就业待遇低、渠道少

由于国家竞技体育的发展实施"奥运争光计划"，获得奥运会、全运会金牌、奖牌的运动员往往会得到充分重视。这些运动员不仅能得到政府和社会的奖励，而且具有较高的社会地位和公众形象，在社会上具有较高的影响力，他们的安置也会得到政府有关部门的高度重视，安置较为顺畅。在越来越市场化的运动场上，健全人运动员一旦获得好成绩，掌声、鲜花、奖金、汽车、别墅、广告代言、荣誉和利益如潮水般纷至沓来，即便退役之后，还可凭借知名度获得各种政治身份和特殊待遇。

一直以来，由于残疾人体育的影响力一直较低，优秀残疾人运动员的社会影响力要比健全运动员低得多，获得的奖励也存在较大的差异，这就减少了他们从事其他行业的资本。在调查中，一位曾获得多枚金牌的残疾人运动员最后只能依靠自己的能力去创业，并没有获得像大多数奥运冠军那样的特殊待遇。

郭某是中国轮椅篮球队队员，来自江苏农村，是全队中家境最差、年龄最小、残疾最重的一名队员。两年多前他在一个建筑工地从高空掉下，胸部以下完全失去知觉，大小便失禁。在北京残奥会临近尾声时，郭严冬的心事又起来了。"国家队要解散，我不知道自己该怎么办，习惯了队里的生活，我非常害怕告别集体的日子。我才20岁，谁能给我一份工作呀？"他说。

值得一提的是，中国残联现任主席张海迪女士曾在2008年北京残奥会闭幕一周年大会上专门提及了残奥运动员的奖励问题。她介绍说，残奥运动员的待遇有了大幅度提升，甚至实现了与健全运动员的平等。这对于残疾人运动员来说，是非常值得庆幸的事情。但是，在笔者于2009年9月也就是北京残奥会结束整整一年后进行研究调查时，当问及运动员比赛奖金的问题，他们反映奖金还未曾入账，对比赛奖金数额也并不知晓。

3.4.3.1.2.2　与优秀残疾人运动员相比，普通残疾人运动员的就业更加困难

优秀残疾人运动员的就业无法与健全运动员形成对比。但是与普通的残疾

人运动员相比,他们的就业之路似乎又顺畅了许多。对于普通残疾人运动员来说,由于种种原因,他们没有创造出优异的运动成绩,也就没有相对丰厚的奖金收入和较大的社会影响力,最后只能黯然退役。他们所能得到的就是在训期间的生活保障。退役后,他们不会成为政府首要安置的对象。而且他们在社会上也没有任何的影响力,自然得到社会帮助的机会也就更少。在调查得知的诸多已实现就业的运动员当中,95%以上都是优秀残疾人运动员,参加过残奥会,甚至是奖牌运动员。尤其是那些能够在残联等事业单位就业的运动员全部都是残奥会奖牌运动员。何军权,著名的"无臂飞鱼",现供职于湖北省荆门市残联;熊小铭,三届残奥会冠军,现供职于云南省残联;李岩松,两届残奥会冠军,现供职于北京市残疾人体育训练中心。相比之下,未能获得奖牌或是无缘参加重大国际比赛的运动员的就业问题更加需要社会的关注和帮助。

21岁的戚翠芳是一位广东姑娘,因肌无力一条腿行动不便。她在北京残奥会上参加了硬地滚球比赛,但没拿到奖牌。残奥会结束后,戚翠芳考虑工作的问题。她刚从广东省某所职业学校计算机专业毕业,但觉就业前景并不乐观,她希望回学校去补习一下,然后再去找工作。"我希望先稳定一下,接电话、当文员什么的都可以,"戚翠芳说。她的薪酬目标是每月1000元,包吃包住。在广州,这个目标并不高,但她已经很满足了。

3.4.3.1.2.3　来自农村或偏远地区的普通退役残疾人运动员安置尤为困难

对于来自农村或偏远地区的运动员来说,他们的社会关系少,交流能力相对较差,经济水平有限,又大都不愿意回到原来的输送地区,其安置状况显得尤为困难。在调查过程中,有些运动员就强烈反映农村来的残疾人运动员的就业最为困难。云南省一位退役运动员介绍说,他经过很大的努力才融入城市生活。经过多年训练,退役后又不得不回到老家。但是已经习惯城市生活并希望能在城市有所发展的他,凭借自己仅有的一点积蓄以及亲朋好友的资助做了点小本生意。但是他由于没有城市户口,所以无法享受城市残疾人口享有的优惠政策。对于他来说,运动员的经历已成为历史,即使他也曾努力为残疾人体育事业做过贡献，但退役后他并没有因为曾经是一名残疾人运动员而获得政府或是社会的照顾。现在的他，生活还是非常困难。像他这样的来自农村的残疾人运动员还有很多，他们退役后的就业工作还存在太多的困难需要及时解决。

3.4.3.2　影响残疾人运动员实现就业的不利因素

3.4.3.2.1　自身因素

3.4.3.2.1.1　职业年龄的限制

与健全人竞技体育不同的是，残疾人体育的竞技性相对较弱，这就可以大大延长残疾人运动员的运动寿命。因此，对于大多数运动员来说，在无其他特殊情况下，他们可以长时间地从事运动训练，而等他们退役以后，他们已经过了最佳就业年龄，尤其是对女运动员来说，就业就更加困难。

3.4.3.2.1.2　封闭式训练体制导致残疾人运动员的综合素质达不到社会对复合型人才的要求

虽然残疾人体育实行业余体制，但是"业余体制，专业管理"的管理和训练体制，使运动员处于封闭状态。在这种状态下，极易催生"重训练、轻教育"的现象。通过对残疾人运动员受教育状况的调查可以看出，残疾人运动员的文化程度都非常低。这与整个残疾人群体在社会中的低地位以及运动队忽视运动员的文化学习不无关系。残疾人运动员正常的文化教育难以得到保证。运动员综合素质偏低和社会对全员综合素质的不断提升形成了强烈的反差，给运动员安置工作带来了很大的困难。

3.4.3.2.1.3　工作技能的限制

除了一般的文化学习，残疾人运动员在训期间也未展开大范围、持续的职业技能培训，为退役后的就业做准备。而只是在退役后才临时抱佛脚，意识到职业技能培训的重要性，这就大大减缓了他们顺利就业的速度。

3.4.3.2.1.4 残疾人运动员观念的制约

一直以来，残疾人都是社会帮扶和救助的对象。这种传统的存在以及现实状况，使得诸多残疾人在就业等方面都过多地依赖国家和政府。残疾人运动员也不例外。很多残疾人认为，他们为国家赢得了荣誉，国家应该有义务安置他们的工作，使他们的生活获得保障。因此，他们就把过多的希望寄托在国家上，而未从自身实际出发，转变就业观念，未雨绸缪。而当国家和当地政府未能如其所愿解决其工作时，就表现出抱怨的情绪，自暴自弃。尤其是看到很多健全人运动员名利双收时，攀比心理更是严重。

3.4.3.2.2 社会因素

3.4.3.2.2.1 退役残疾人运动员社会保障政策缺失，就业渠道难以拓宽

对于健全人运动员来说，在运动员退役后工作的安置方面，国家和地方制定了一些相关的政策，如体育总局联合人事部、财政部、教育部等部门出台的《关于进一步做好退役运动员就业安置工作的意见》（2002年），人事部、财政部、国家体育总局《自主择业退役运动员经济补偿办法》（2003年），原国家体委、国家教委《关于著名优秀运动员上大学有关事宜的通知》（1987年），国家体育总局《优秀运动员伤残互助保险暂行办法》（2004年），《优秀运动员奖学金、助学金试行办法》等。在《中华人民共和国体育法》（1995年）和《中共中央国务院关于进一步加强和改进新时期体育工作的意见》（2003年）等法律和政策性文件中，也明确规定："国家对优秀运动员在就业或者升学方面给予优待"；"体育、财政、人事、劳动保障等部门要研究制定非职业化运动队优秀运动员退役就业安置的政策措施，尽快建立对优秀运动员的激励机制和伤残保险制度，解除运动员的后顾之忧。"❶这些，都对解决运动员退役问题起到了很大作用。

---

❶ 罗嘉司. 法治视角下退役运动员出路解析[J]. 沈阳体育学院学报,2007(6).

然而，对于残疾人运动员来说，至今还未颁布一套专门针对残疾人运动员退役安置方面的政策法规，这就使得残疾人运动员退役安置缺少必要的法律保障，从而使得各地在安置残疾人运动员方面缺乏积极性和主动性，政策性安置的难度越来越大。仅靠残疾人自身努力，残疾人运动员安置将更加困难。

3.4.3.2.2.2　经济体制的转型使残疾人运动员在激烈的竞争中处于弱势地位

市场经济与计划经济的区别就在于政府不再直接干预市场运行，而是间接地进行宏观调控。受其影响，人们的就业形式也发生了较大的变化。"铁饭碗""分配工作"已经成为计划经济的代名词。取而代之的是市场经济的"双向选择"，即人才可以选择市场，市场也可以选择人才。残疾人运动员由于知识结构单一和年龄结构偏大，无论他们选择市场还是市场选择他们，可供选择的面都很窄，这在很大程度上限制了我国残疾人运动员的再就业渠道。

3.4.3.2.2.3　社会劳动复杂化、科技含量日益升高

随着社会的发展，体力劳动逐渐向脑力劳动过渡，一些科技含量高的机器设备的出现，就意味着社会劳动的复杂化。许多工作不是依靠简单的操作就能够完成的，也不是仅有强健的体魄就能够胜任的。在知识经济的今天，对人才的需求既需要有专而博的知识结构，又需要有自学能力。这对于残疾人运动员来说无疑是一个极大的挑战。

3.4.3.2.2.4　残疾人体育竞技体育目标实现促使各层次人员忽视残疾人运动员安置工作

由于目前体育管理层实行任期目标责任制，运动员成绩的好坏直接影响对领导的考核。因此，在职领导更关注运动员的成绩，而教练员把精力都放在了运动员的训练上，对运动员的退役安置问题也没有引起足够的重视。另外，运动员对社会的就业形势缺乏了解和全面认识，思想上还停留在"等"和"靠"分配的就业理念上。对国家安置存在较高的期望，对再就业没有做好知识上、经验上和心理上的准备，对社会就业认识定位不准确。

3.4.3.2.2.5 对残疾人运动员就业知识的宣传教育不足

由于残疾人运动员文化水平较低，而且长期的封闭训练使他们对于相关就业政策、就业常识不甚了解。另外，他们随遇而安的心态使他们不愿意去学习，也没有考虑自己退役后的出路问题。因此，在退役后，很多运动员都不知所措，不知如何面对以后的人生。由于没有接受就业方面的教育和培训，相关媒体的宣传也不足，他们大都经历了较长时间的等待期和转变期，才能重新适应新的生活，开始全面地思考和规划以后的人生。

3.4.4 小结

对于每一位残疾人运动员来说，退役是他们不得不面对的现实。但他们都对退役持有谨慎态度。但由于伤病缠身、见好就收、后顾之忧以及后生可畏等原因，他们又不得不选择退役。在他们看来，运动训练充分证明了自身价值，一定程度上改变其命运、改善了身心状况并改变了别人对待自己的态度等，是一份无怨无悔的事业。

然而，无论曾经辉煌与否，他们的生活还需回归平静，还需面对残酷的现实生活。对于每个残疾人运动员来说，退役后能获得一份相对安定的工作是他们梦寐以求的事情。然而，退役残疾人运动员就业是一个系统工程。由于我国残疾人体育起步较晚，社会影响力相对较低，退役残疾人运动员的就业还未得到应有的重视，使得残疾运动员的就业状况问题颇多。残疾人优秀运动员的状况远不及健全优秀运动员，而普通残疾运动员的就业又与优秀残疾人运动员存在差距。其中，来自农村和偏远地区的退役残疾人运动员的就业状况更是不容乐观。

这些问题的存在既有残疾人自身因素导致，也有社会因素所致。涉及国家对残疾人竞技体育的政策、体育项目的社会化程度、国家的经济实力、社会对运动员群体的关注程度、运动员自身素质等方面。但是，这些问题的解决需要国家的政策扶持、社会力量的支持、家庭成员的关爱以及残疾人运动员自身的努力共同完成，而残疾人运动员就业观念的转变和其综合素质的提高是解决这一难题的根本保障。

4 结论与建议

4.1 结论

（1）残疾人运动员参训过程主要包括参训前、参训中和退役后三个阶段。

（2）参训前，残疾人相关组织、媒体以及残疾人体育部门等的宣传不力，导致残疾人获得参训信息不够顺畅。另外运动员选拔制度的缺失等，导致其参训之路障碍重重，运动员选拔具有较大的偶然性、被动性。但自身现状激发了他们参与运动训练的强烈动机：致残后的心理问题促其另寻他径以满足自身的心理需求；不完善的社会保障促其另辟他路以改善自身状况，实现自食其力。另外，社会歧视等现象的存在促其希望通过某种途径证明自身的价值。在强烈动机驱使和外部环境影响下，运动训练为他们提供了一个可以满足各种需求的舞台。

（3）参训中，运动训练明显改善了运动员身心状况，促进了运动员与社会的融合，以及"平等、参与、共享"目标的实现。但由于政治、经济、制度、残疾人竞技体育以及残疾人运动员自身等因素的制约，残疾人运动员的社会保障状况改善不明显（享受"零"社会保险，社会福利状况保障不力）；训练软硬件保障存在问题（硬件保障地区差异明显，教练员队伍不够"专业"、科研支持和队医等配备欠缺）；残疾人体育比赛中甚至出现异化现象。在残疾人竞技体育发展过程中，其目标定位和发展理念出现了偏差，过多地追求其竞技目标和功利目标，未能充分发挥其示范效应、辐射作用、榜样作用从而推动整个残疾人体育事业的发展。

（4）由于伤病缠身、见好就收等原因使残疾人运动员萌生退役的念头。在运动员看来，运动训练充分证明了自身价值，在一定程度上改变了其命运，改善了身心状况，改变了别人对待自己的态度，是一份无怨无悔的事业。但是，他们的后运动员人生之路布满荆棘。虽然一部分运动员在国家政府的帮助以及自身的努力下，找到了比较理想的工作，但运动生涯对大部分残疾人运动员就业影响却微乎其微。他们的退役之路既缺乏政策、制度方面的保障和必要的关注，也由于缺乏必要的工作技能、就业观念陈旧等，使其无法适应日益复杂化、高科技含量的工作，从而导致他们退役后的生存状况不容乐观。

（5）从残疾人运动员整个参训过程来看，残疾人运动员的社会保障问题是贯穿其始终的重要问题，而就业问题是重中之重。

4.2　建议

（1）正确定位残疾人竞技体育的发展目标，更新其发展理念，充分发挥残疾人竞技体育的示范效应、辐射作用以及模范带头作用，全面推动整个残疾人体育事业的发展。

（2）高度重视残疾人体育的功能价值，加大对残疾人体育的关注力度和物质投入，为残疾人群体提供一个良好的体育参与环境，尤其是为农村、贫困和边远地区的残疾人群体；残疾人自身也应充分利用现有的资源，积极地参与体育锻炼，努力改善自己的身体状况。

（3）逐步建立和完善有利于残疾人体育发展的各项制度，如残疾人运动员选拔制度，尤其是残疾人运动员社会保障制度，并加强对制度的落实和实施的监督力度。从一般的社会救助开始，逐步建立起残疾人运动员的社会保险制度、残疾人运动员退役保险制度，以解决其后顾之忧，有利于残疾人体育的可持续发展。高度重视残疾人运动员社会福利状况，如残疾人运动员的就业、受教育的情况。其中，解决就业问题是重中之重。

（4）在全社会加强人道主义教育，构建帮残、助残和谐氛围；努力减少歧视残疾人的现象，创造和谐的社会环境。

（5）充分利用多种途径宣传残疾人体育，充分发挥媒体、残疾人组织以及残疾人体育组织作用，扩大残疾人体育社会认知度；大力宣传帮残、助残的渠道，向残疾人运动员宣传国家已出台的相关政策、参与的便利渠道等，使残疾人运动员更便利地融入社会中去。

（6）残疾人运动员发挥自身主观能动性，改变"坐、等、靠"的陈旧观念，积极融入社会，努力提高自身技能，适应社会对综合型人才的需求。

参考文献

[1] 熊晓正. 体育概论[M]. 北京：北京体育大学出版社，2008.

[2] 郑功成. 社会保障学[M]. 北京：中国劳动社会保障出版社，2005.

[3] 杜鹏，等. 中国农村残疾人状况及政策建议[J]. 人口与经济，2009（2）.

[4] 张延辉，等. 吉林省城乡残疾人生存状况比较研究[J]. 工业技术经济，2008（11）.

[5] 郑功成. 残疾人社会保障：现状及发展思路[J]. 中国人民大学学报，2008（1）.

[6] 王雪梅. 残疾人就业问题与就业保障政策思考[J]. 北京行政学院学报，2006（2）.

[7] 余冬林，等. 浅论我国残疾人就业存在的问题及其对策[J]. 消费导刊，2008（12）.

[8] 莫明. 对残疾人两种就业方式的思考[J]. 中国残疾人.1995（10）.

[9] 赵晓芳. 从残疾人就业看企业社会责任[J].长春理工大学学报：社会科学版，2009（5）.

[10] 唐镔. 从就业能力角度探讨政府、企业和个人在残疾人就业中的作用[J]. 教学与研究，2008（3）.

[11] 沈培建. 加拿大的残疾人平等就业实践及其启示[J]. 中国残疾人，2007（3）.

[12] 邓朴方. 发展残疾人教育很紧迫，很现实[J]. 中国残疾人，2009（6）.

[13] 郑雄飞. 残疾人全纳教育的理性分析[J]. 中国残疾人，2008（4）.

[14] 杨柳. 美国残疾人教育法探析[J]. 比较教育研究，2008（6）.

[15] 李继刚. 美国特殊教育立法及对我国的启示[J]. 中国特殊教育，2008（8）.

[16] 肖非. 美国特殊教育立法的发展——历史的视角[J]. 中国特殊教育，2004（3）.

[17] 龚文君，等. 社区康复——我国残疾人康复事业发展的必由之路[J]. 江海纵横，2009（4）.

[18] 李莉. 残疾人社区康复模式探讨——从社会保障实施社会化的视角[J]. 河南师范大学学报：哲学社会科学版，2007（6）.

[19] 贾宏亮，等. 上海市闸北区残疾人康复服务需求影响因素的多元分析[J]. 中国康复理论与实践，2009（2）.

[20] 林诚, 等. 福州市台江区残疾人康复需求及影响因素的分析[J]. 福建医科大学学报：
社会科学版, 2009（1）.

[21] 高圆圆. 中国残疾人社会保障研究综述[J]. 湖北社会科学, 2009（8）.

[22] 王若光, 等. "自卑与超越"——对残疾人体育价值的重新审视[J]. 中国残疾人, 2007（7）.

[23] 唐银春, 等. 和谐理念下的残疾人体育的价值定位[J]. 景德镇高专学报, 2009（6）.

[24] 唐新发. 自议残疾人体育的目的与任务[J]. 荆州师专学报：自然科学版, 1996（4）.

[25] 覃兴耀, 等. 再论残疾人体育的意义[J]. 体育文化导刊, 2008（1）.

[26] 朱丽琼, 等. 残疾人体育的价值功能及实现路径论析[J]. 中国医学伦理学, 2008（4）.

[27] 张雨沂, 等. 我国残疾人体育研究[J]. 体育文化导刊, 2008（4）.

[28] 张燕中. 我国残疾人体育的发展[J]. 体育文化导刊, 2009（4）.

[29] 吴燕丹, 等. 融合与共享：论和谐视域中残疾人体育的可持续发展[J]. 体育科学, 2008（10）.

[30] 金梅, 等. 我国残疾人竞技体育发展现状及对策研究[J]. 天津体育学院学报, 2006（5）.

[31] 孔凡镕. 山东省残疾人竞技体育的现状及对策研究 [D]. 山东：山东师范大学, 2008.

[32] 吉朝霞. 对我国残疾人排球运动的现状极其发展对策的研究[D]. 江苏：扬州大学, 2007.

[33] 杨华. 我国残疾人乒乓球运动发展现状的调查研究[D]. 北京：北京体育大学, 2004.

[34] 漆昌柱, 等. 残疾人运动员的特质焦虑与竞赛状态焦虑研究[J]. 体育科学, 2005（3）.

[35] 袁国伟, 等. 对我国残疾人盲人门球运动员基本状况的研究[J]. 阴山学刊, 2008（6）.

[36] 宁晓青, 等. 构建残疾人运动选材理论体系的初探[J]. 大视野, 2008（7）.

[37] 侯晓晖. 残疾人游泳运动员科学选材的初探[J]. 广州体育学院学报, 2008（3）.

[38] 李大新. 论我国运动员的社会保障[J]. 广州体育学院学报, 2006（11）.

[39] 李超. 对我国运动员社会保障的研究[J]. 北京体育大学学报, 2007（11）.

[40] 张陵. 美日韩运动员的社会保障及其启示[J]. 体育文化导刊, 2009（1）.

[41] 邹德新, 等. 运动员社会养老保险需求意愿研究[J]. 沈阳体育学院学报, 2009（2）.

[42] 顾忠科, 等. 优秀残疾运动员训练情况的调查研究[J]. 南京体育学院学报：自然科学版,
2008（12）.

[43] 赵春英. 中国残疾人举重队备战世锦赛集训技术攻关研究[J]. 北京体育大学学报,
2003（9）.

[44] 唐桂萍. 我国残疾人游泳运动员不同训练阶段机能状态研究[J]. 沈阳体育学院学报,

2005（8）.

[45] 那宪飞.体能训练对举重专项竞技能力提高的影响——析世界纪录创造者残疾举重运动员李凤梅的训练[J].哈尔滨体育学院学报，2004（1）.

[46] 李靖.主体间性视野下残疾人运动员与教练员的交往关系[J].西安体育学院学报，2009（1）.

[47] 张先锋.残疾人田径项目国家队教练员人才资源现状研究[J].沈阳体育学院学报，2007（6）.

[48] 庄茂花.我国残疾人竞技体育诚信缺失的现状及对策研究[J].哈尔滨体育学院学报，2007（10）.

[49] 毛晓荣.我国残疾人体育医学与功能分级师队伍的现状分析[J].西安体育学院学报，2008（3）.

[50] 于军.山东省残疾人群众体育现状及发展对策研究[J].体育科学，2009（8）.

[51] 张健飞.吉林省残疾人群众体育发展战略探究[J].通化师范学院学报，2009（2）.

[52] 谭丽清.湖南省残疾人体育发展现状和对策探究[J].长沙民政职业技术学院学报，2005（1）.

[53] 高小爱.甘肃省残疾人体育活动的制约因素与发展对策[J].体育学刊，2005（1）.

[54] 孟林盛.智力残疾者参加体育活动的现状及对策研究[D].山西：山西大学，2005（8）.

[55] 段晓霞.兰州市残疾学生体育锻炼的现状及可行性研究[D].甘肃：西北师范大学，2002（6）.

[56] 李之俊.我国城市残疾人健身体育锻炼的现状与对策[J].上海体育科研，2003（1）.

[57] 孔凡镕，等.残疾人康复体育的发展现状及对策研究[J].山东师范大学学报：自然科学版，2007（6）.

[58] 王文平.社区融合理念下山西省残疾人康复体育模式的构建研究[D].湖北：武汉体育学院，2007（6）.

[59] 金宁.我国社区康复体育前景展望[J].中国康复医学杂志，1998（1）.

[60] 金宁.挪威残疾人康复体育现状考察分析[J].中国康复医学杂志，1997（3）.

[61] 王军.论我国社区体育中残疾人健身模式的构建依据和途径[J].体育科技文献通报，2005（12）.

[62] 周坤.安徽省特殊教育学校体育现状与发展对策[D].安徽:安徽师范大学,2005(5).

[63] 张梦娣.河北省特殊教育学校体育现状与对策研究[D].河北:河北师范大学,2007(6).

[64] 邓卫权.江西省特殊教育学校体育现状与发展对策研究[J].首都体育学院学报,2008(5).

[65] 何敏学.关于我国特殊教育学校体育改革的建议[J].体育学刊,2005(1).

[66] 吴燕丹.中国大学特殊体育教育现状调查与思考[J].体育科学,2007(1).

[67] 李群力.美国适应体育课程国家标准对我国特殊体育教育的启示[J].中国特殊教育,2009(7).

[68] 邓朴方.人道主义的呼唤[M].北京:华夏出版社,2006.

[69] 张友琴.社会支持与社会支持网——弱势群体社会支持的工作模式初探[M].社会学,2002(10).

[70] 卢雁.中国适应体育学科研究[M].北京:北京中体音像出版中心,2008.

[71] 宋玉芳.残障人体育的社会文化意义[J].西安体育学院学报,2003(4).

[72] 郭卫,等.残疾人体育[M].北京:北京体育大学出版社,2007.

[73] 冯寿林.解析社会隐性歧视残疾人问题[J].井冈山学院学报:哲学社会科学,2009(5).

[74] 万义玉.满足残疾人精神需求:一个亟待关注的残疾人工作领域[J].中共南京市委党校南京市行政学院学报,2007(6).

[75] 中国大百科全书出版社编辑部.中国大百科全书:心理学[M].北京:中国大百科全书出版社,1991.

[76] 蔡禾,等.关注弱势——城市残疾人群体研究[M].北京:社会科学文献出版社,2008.

[77] 卓彩琴.残疾人社会工作[M].广州:华南理工大学出版社,2008.

[78] 钟越.残疾人就业问题研究[J].浙江社会科学,1994(4).

[79] 黄西庭,张力为,等.运动心理学[M].上海:华东师范大学出版社,2003.

[80] 杨红军,李立峰.从聋人足球特点谈提高裁判员的执法水平[J].沈阳体育学院学报,2008(3).

[81] 高征难.论全球亿背景下中国制度文明及其建设[D].武汉:华中师范大学,2004.

[82] 李俊.相对剥夺理论与弱势群体的心理疏导机制[J].社会科学,2004(4).

[83] 安东尼·吉登斯.社会学[M].北京:北京大学出版社,2005.

[84] 王若光.对残疾人体育价值的重新审视[J].中国残疾人,2007(7).

[85] 傅振磊. 坐式排球运动员与普通残疾人运动员心理健康状况的比较研究[J]. 吉林体育学院学报, 2005 (2).

[86] 林力, 等. 构建体育运动科学化训练体系[J]. 研究与探索, 2003 (6).

[87] 景俊青, 等. 我国残疾人高水平运动队科研服务形式的调查研究[J]. 西安体育学院学报, 2009 (9).

[88] 李水灵. 运动队队医在科学化训练中的客观地位与作用[J]. 上海体育学院学报, 2002 (11).

[89] 庞建民, 等. 对竞技体育中异化现象的分析与研究[J]. 体育文化导刊, 2007 (1).

[90] 李大新, 赵溢洋. 论我国运动员的社会保障[J]. 广州体育学院学报, 2006 (11).

[91] 陈林祥. 建立与完善我国优秀运动员社会保障制度的必要性研究[J]. 天津体育学院学报, 2003 (28).

[92] 张陵, 刘苏. 美日韩运动员的社会保障及其启示[J]. 体育文化导刊, 2009 (1).

[93] 李超, 等. 对我国运动员社会保障的研究[J]. 北京体育大学学报, 2007 (11).

[94] 奚天明. 和谐社会视角下残疾人体育发展的社会学分析[J]. 成都体育学院学报, 2008 (5).

[95] 吴燕丹. 融合与共享: 论和谐视域中残疾人体育的可持续发展[J]. 体育科学, 2008 (10).

[96] 卢元镇. 中国体育社会学[M]. 北京: 北京体育大学出版社, 2000.

[97] 罗嘉司. 法治视角下退役运动员出路解析[J]. 沈阳体育学院学报, 2007 (6).

[98] 宓忠祥. 角色转换在残疾人心理康复中的意义和运用[J]. 中国康复理论与实践, 2001 (1).

[99] 蒋志华. 从法律视角对退役运动员社会保障机制的研究[J]. 湖北体育科技, 2009 (7).

[100] 龚江泳. 从和谐社会视角对构建退役运动员社会保障机制的研究[J]. 湖北体育科技, 2007 (11).

[101] 刘仁盛, 曲丽君, 等. 我国高水平运动员退役安置对策的研究[J]. 辽宁师范大学学报: 自然科学版, 2009 (6).

[102] 符明秋, 张锡萍. 我国优秀运动员的退役及其角色转换研究[J]. 北京体育大学学报, 2009 (1).

[103] 陈林祥. 我国优秀运动员退役安置的现状及对策研究[J]. 体育科学, 2004 (5).

[104] 刘微娜, 季浏, 刘学涛. 国外运动员退役的综述研究[J]. 中国体育科技, 2008 (1).

[105] 王进. 从过程理论观点探索我国运动员的退役 (Ⅱ) ——社会支持与退役教育的构

想[J]. 体育科学, 2006(8).

[106] 黄志剑, 卢骏. 国外优秀运动员退役后的角色转换: 理论与实践[J]. 湖北体育科技, 2003(9).

[107] 周立. 对奥运老将运动员的思考[J]. 哈尔滨体育学院学报, 2000(4).

[108] 闻又文. 优秀运动员退役安置货币补偿实施办法的研究[J]. 武汉体育学院学报, 2006(6).

[109] 孙莉莉, 郭艳娇. 对我国运动员退役归宿问题的理性思考[J]. 辽宁体育科技, 2007(1).

[110] 黄志剑, 姒刚彦. 高水平运动员的退役准备与适应: 一项定量研究[J]. 天津体育学院学报, 2008(5).

[111] 郝志伟. 影响我国退役运动员再就业成因分析[J]. 山西大同大学学报: 自然科学版, 2009(4).

[112] 刘静春. "退役运动员再就业难" 现象的对策研究[J]. 体育世界·学术, 2007(2).

[113] 杜梅. 中国香港精英运动员退役的调整质量及对策[J]. 体育学刊, 2008(9).

[114] 张丽. 残疾人社会支持、应对方式和生活满意度的关系[J]. 中国康复理论与实践, 2008(9).

[115] 唐征宇. 体育运动对残疾人心理状态的影响[J]. 中国临床康复, 2005(48).

[116] CASHMAN R, DARCY S. Benchmark games The Sydney 2000 Paralympic Games[M]. Petwersham, NSW: Walla Walla Press, 2008.

[117] STEADWARD R D. Adapted physical activity[M].Edmonton, Alberta: the University of Alberta Press, 2004.

[118] CLAUDING S. Adapted physical activity[J]. Recreation and Sport, 2006(10).

附录1　运动员调查问卷

您好！感谢您在百忙之中填写我的问卷！

我是北京体育大学2007级博士生陆贝。2008年北京残奥会已经落幕一年，但是残奥健儿在赛场顽强拼搏的精神仍深深地感动着我，影响着我，也引起了我对残疾人体育的关注，尤其是对那些在赛场上创造骄人战绩的运动员们的成长历程产生了浓厚的兴趣。因此，本问卷希望能从各方面了解运动员的成长历程，剖析影响残疾人运动员成长的诸多社会因素，以引起社会各界的重视。

本问卷只用于科研，不会对您造成任何不便，请放心填写。在问卷填写过程中，如果您有任何问题请向问卷发放员询问！再次感谢您的支持与合作！

第一部分：基本情况

1. 年龄：　　　　　（周岁）
2. 您的性别为（　　）

    a.男　　　　　b.女

3. 婚姻状况：（　　）

    a.已婚　　　b.未婚　　　　c.丧偶　　　　d.离婚　　　　e.再婚

4. 您的学历为（　　　）

    a.小学（毕业或肄业）　　　　　　b.初中（毕业或肄业）

    c.高中或中专（毕业或肄业）　　　d.大学及以上（毕业或肄业）

    e.从未上学

5. 获得荣誉的情况：（　　　）

    a.国家级　　　　b.省级　　　　c.市级　　　　d.单位级

6. 您在（　　　）岁致残（先天的请填写0岁）

7. 您的残疾状况是（　　　）

　　a.先天　　　　　　　　b.后天

8. 您的残疾类型是（　　　）

9. 到目前为止，您参加残疾人体育训练已达（　　　）年

　　a.1~4年　　　b.5~8年　　　　c.8年以上

10. 您是否参加过残奥会：（　　　）

　　　a.是　　　　b.否

11. 如果您参加过残奥会，首次参加时间是（　　　）年

12. 如果您参加过残奥会，您参加残奥会的次数是（　　　）

　　a.1次　　　　　　b.2次　　　　　　c.3次　　　　　　d.3次以上

第二部分：参加训练前

1. 残疾令您对以后的生活感到（　　　）

　　a.非常有信心　　　　　　　　　　b.比较有信心

　　c.一般　　　　　　　　　　　　　d.比较没信心

　　e.非常没信心

2. 生活的困难令您感觉到（　　　）

　　a.非常易克服　　　　　　　　　　b.比较易克服

　　c.一般　　　　　　　　　　　　　d.比较难克服

　　e.非常难克服

3. 您对您的生活感到（　　　）

　　a.非常满意　　　　　　　　　　　b.比较满意

　　c.一般　　　　　　　　　　　　　d.比较不满意

　　e.非常不满意

4. 生活中令您自己感到自豪的事情（　　　）

　　a.非常多　　　　　　　　　　　　b.比较多

　　c.一般　　　　　　　　　　　　d.比较少

　　e.非常少

5. 生活中，您感觉到很多事情您都可以做得（　　　）

　　a.非常好　　　　　　　　　　　b.比较好

　　c.一般　　　　　　　　　　　　d.比较不好

　　e.非常不好

6. 生活中，您觉得别人对您的歧视（　　　）

　　a.非常严重　　　　　　　　　　b.比较严重

　　c.一般　　　　　　　　　　　　d.比较不严重

　　e.非常不严重

7. 您所在地区的残联曾经向您提供过（　　　）帮助（可多选）

　　a.没有任何帮助　　　　　　　b.积极召集募捐

　　c.提供一部分医疗费用　　　　d.看望慰问

8. 如果您所在地区的残联没有向您提供帮助，以下（　　　）向您提供过帮助

　　a.单位　　　　b.社区　　　　c.村委会

　　d.以上部门都没有提供过任何帮助

9. 您在治疗的过程中，是否享受医疗保险等社会保险（　　　）

　　a.是　　　　　　b.否

10. 如果没有享受医疗保险，您的治疗的费用是由（　　　）支付

　　a.父母　　　　　　　　　　　b.工伤，因此由单位支付

　　c.政府资助　　　　　　　　　d.社会捐助

11. 参加训练前，您的主要经济来源是（　　　）（可多选）

　　a.没有经济来源，依靠父母养活　　b.最低生活保障

　　c.好心人的资助　　　　　　　d.工资收入

　　e.其他

12. 如果享有最低生活保障，您对最低生活保障的满意度（　　　）

　　a.一点都不满意　　　　　　　b.不满意

c.一般　　　　　　　　　　　d.比较满意

e.非常满意

13. 如果您有工资收入，您主要从事的是什么工作（　　）

a.专业技术人员　　　　　　　b.机关工作人员

c.工、交、运输、邮电　　　　d.商业、服务业

e.农、林、牧、副、渔　　　　f.其他

14. 如果您在参训前工作过，您是怎样得到这份工作的（　　）

a.按比例安置就业　　　　　　b.应聘到福利企业工作

c.热心人的介绍　　　　　　　d.自食其力

15. 如果您在参训前没有参加工作，主要原因是（　　）（可多选）

a.由于残疾丧失劳动能力

b.自己不愿出去工作，怕别人看不起

c.没有找到合适的工作

d.一些单位歧视残疾人，不愿录用残疾人

e.还没有来得及找工作，就被选拔上参加运动训练了

16. 为能顺利就业，您是否参加了一些职业技能培训（　　）

a.是　　　　　　　　　　　　b.否

17. 您如果参加了职业技能方面的培训，主要是（　　）培训（可多选）

a.计算机培训　　　　　　　　b.平面设计

c.美甲　　　　　　　　　　　d.其他

18. 如果您没参加职业技能方面的培训，主要原因是（　　）

a.没有开设职业技能培训班，不知道去哪里学

b.学了也没用，还是一样找不到工作

c.开设的职业技能培训班种类太少，自己不感兴趣

d.开设的技能培训班质量不高，没什么意思

e.付不起学费

19. 如果您参加过职业技能方面的培训，您对培训的满意度如何（　　）

　　a.一点都不满意　　　　　　　　b.不满意

　　c.一般　　　　　　　　　　　　d.比较满意

　　e.非常满意

20. 参训前，您是否接受过教育（　　　）

　　a.是　　　　　　　　　　　　b.否

21. 如果参训前您接受过教育，政府和学校是否减免了您的学杂费用（　　　）

　　a.是　　　　　　　　　　　　b.否

22. 如果参训前您接受过教育，政府和学校是否资助了您的学杂费用（　　　）

　　a.是　　　　　　　　　　　　b.否

23. 如果参与训练前您继续接受教育，那您就读的形式是（　　　）

　　a.随班就读，和健全人在同样的学校上学

　　b.在专门的残疾人学校接受特殊教育

　　c.找家教

　　d.充分利用自己的时间，利用各种资源自学各种知识

24. 如果参与训练前您没有继续上学，主要原因是（　　　）（可多选）

　　a.自己的身体不允许

　　b.学校不接收

　　c.生怕自己去了受歧视，干脆不去

　　d.支付不起学费

　　e.现在就业这么困难，上学不太实际，还不如学点技术，更有利于就业

　　f.认为没有上学的必要，纯属浪费时间

25. 参加训练前，您进行康复治疗的地点或情况是（　　　）

　　a.没有进行过康复治疗

　　b.专门的康复医院

　　c.家庭所在的社区、街道或村康复中心

　　d.家里

26. 如果您没有进行各项康复治疗，主要原因是（　　　）

a.缺少康复治疗的费用　　　　　　b.认为康复治疗没用，拒绝参加

c.康复治疗的过程太苦、太枯燥了

d.没有必要进行康复了　　　　　e.其他

27. 如果您进行过康复治疗，康复手段主要包括（　　）（可多选）

a.医疗康复　　　　　　　　　b.心理康复

c.教育康复　　　　　　　　　d.职业康复

e.社区康复　　　　　　　　　f.社会康复

g.以上都选

28. 如果您进行过康复治疗，您对康复的器械、场地的满意度如何（　　）

a.一点都不满意　　　　　　　b.不满意

c.一般　　　　　　　　　　　d.比较满意

e.非常满意

29. 如果您进行过康复治疗，您觉得对您的康复是否有效（　　）

a.非常有效

b.没什么作用，只是让自己心里更平衡一点

c.一点用都没有，完全在浪费时间和金钱

30. 参训前，您对周围的城市道路、公共建筑和居住区的规划、设计、建设的满意度如何（　　）

a.一点都不满意　　　　　　　b.不满意

c.一般　　　　　　　　　　　d.比较满意

e.非常满意

31. 您对身边的信息交流等无障碍建设的满意度如何（　　）

a.一点都不满意　　　　　　　b.不满意

c.一般　　　　　　　　　　　d.比较满意

e.非常满意

32. 您对使用网络的无障碍建设的满意度如何（　　）

a.一点都不满意　　　　　　　b.不满意

c.一般　　　　　　　　　　　　d.比较满意

e.非常满意

33. 参训前，您是否接受过媒体采访（　　　）

　　a.是　　　　　　　　　　　　b.否

34. 您希望媒体对（　　　）方面予以更大的关注

　　a.残疾人就业　　　　　　　　b.残疾人教育

　　c.残疾人康复　　　　　　　　d.其他

35. 您对媒体的采访效果满意度如何（　　　）

　　a.一点都不满意　　　　　　　b.不满意

　　c.一般　　　　　　　　　　　d.比较满意

　　e.非常满意

第三部分：参加训练中

1. 残疾令您对以后的生活感到（　　　）

　　a.非常有信心　　　　　　　　b.比较有信心

　　c.一般　　　　　　　　　　　d.比较没信心

　　e.非常没信心

2. 生活的困难令您感觉到（　　　）

　　a.非常易克服　　　　　　　　b.比较易克服

　　c.一般　　　　　　　　　　　d.比较难克服

　　e.非常难克服

3. 您对您的生活感到（　　　）

　　a.非常满意　　　　　　　　　b.比较满意

　　c.一般　　　　　　　　　　　d.比较不满意

　　e.非常不满意

4. 生活中令您自己感到自豪的事情（　　　）

　　a.非常多　　　　　　　　　　b.比较多

c.一般　　　　　　　　　　　　d.比较少

e.非常少

5. 生活中，您感觉到很多事情您都可以做得（　　）

　　a.非常好　　　　　　　　　　b.比较好

　　c.一般　　　　　　　　　　　d.比较不好

　　e.非常不好

6. 生活中，您觉得别人对您的歧视（　　）

　　a.非常严重　　　　　　　　　b.比较严重

　　c.一般　　　　　　　　　　　d.比较不严重

　　e.非常不严重

7. 参加运动训练的动机是：

　　a.非常同意　　　　　　　　　b.比较同意

　　c.一般　　　　　　　　　　　d.比较不同意

　　e.非常不同意

　　（1）满足自己的爱好（　　）

　　（2）别人说我适合练习体育，我就参加了，没什么动机（　　）

　　（3）希望通过体育锻炼，改善自己的身体状况（　　）

　　（4）为残疾人体育事业做贡献（　　）

　　（5）认为这是一条出路，可以改变自己的命运（　　）

　　（6）目标不明确（　　）

　　（7）身边的朋友参加了，我觉得有意思就参加进来了（　　）

　　（8）对很多残奥英雄很崇拜，也想成为他们那样（　　）

　　（9）很多人看不起我，我要向他们证明我的价值（　　）

　　（10）与其在家什么都不干，还不如参加运动训练（　　）

8. 您是怎样参加到运动训练中来的（　　）

　　a.自己具有体育方面的天赋，偶然的机会被某个教练看中

　　b.村委、区县或市残联组织所有残疾人参加选拔，自己表现突出，最终被选中

c.经人介绍和推荐

d.因为自己喜欢，就主动争取参加选拔，最终被选中

e.其他

9. 参加运动训练后，您的主要经济来源是（　　）（可多选）

a.没有经济来源，依靠父母养活

b.最低生活保障　　　　　　　　c.好心人的资助

d.工资收入　　　　　　　　　　e.训练费

f.奖金　　　　　　　　　　　　g.其他

10. 如果您有工资收入，您主要从事的是什么工作（　　）

a.专业技术人员　　　　　　　　b.机关工作人员

c.工、交、运输、邮电　　　　　d.商业、服务业

e.农、林、牧、副、渔　　　　　f.其他

11. 如果您在参训后工作过，您是怎样得到这份工作的（　　）

a.按比例安置就业　　　　　　　b.应聘到福利企业工作

c.热心人的介绍　　　　　　　　d.自食其力

12. 如果您在参训前没有工资收入，主要原因是（　　）（可多选）

a.由于残疾丧失劳动能力

b.自己不愿出去工作，怕别人看不起

c.没有找到合适的工作

d.一些单位歧视残疾人，不愿录用残疾人

e.参加运动训练就是工作了，没有精力和时间去做其他工作

13. 为能顺利就业，您是否参加了一些职业技能培训（　　）

a.是　　　　　　　　　　　　　b.否

14. 您如果参加了职业技能方面的培训，主要是（　　）培训（可多选）

a.计算机培训　　　　　　　　　b.平面设计

c.美甲　　　　　　　　　　　　d.其他

15. 如果您没参加职业技能方面的培训，主要原因是（　　）

a.没有开设职业技能培训班，不知道去哪里学

b.学了也没用，还是一样找不到工作

c.开设的职业技能培训班种类太少，自己不感兴趣

d.开设的技能培训班质量不高，没什么意思

e.交付不起学费

16. 如果您参加过职业技能方面的培训，您对培训的满意度如何（　　）

    a.一点都不满意　　　　　　　　　　b.不满意

    c.一般　　　　　　　　　　　　　　d.比较满意

    e.非常满意

17. 参训后，您是否继续接受教育（　　）

    a.是　　　　　　　　　　　　　　　b.否

18. 如果参训后您继续接受教育，政府和学校是否减免了您的学杂费用（　　）

    a.是　　　　　　　　　　　　　　　b.否

19. 如果参训后您接受教育，政府和学校是否资助了您的学杂费用（　　）

    a.是　　　　　　　　　　　　　　　b.否

20. 如果参与训练后您继续接受教育，您就读的形式是（　　）

    a.随班就读，和健全人在同样的学校上学

    b.主动去专门的特殊学校接受上课

    c.由专业老师来驻地授课

    d.充分利用自己的时间，利用各种资源自学各种知识

    e.由专业辅导老师实行一对一的授课

21. 如果参与训练前您没有继续上学，主要原因是（　　）（可多选）

    a.自己的身体不允许自己继续上学

    b.学校不接收

    c.生怕自己去了受歧视，干脆不去

    d.支付不起学费

    e.现在就业这么困难，上学不太实际，还不如学点技术，更有利于退役后就业

f.认为没有上学的必要，纯属浪费时间

g.忙于训练，没有时间接受教育

h.所在队伍没有安排相应的文化课

22. 参加训练后，您在（　　）进行各项康复治疗

    a.没有进行过康复治疗　　　　　　b.专门的康复医院

    c.家庭所在的社区、街道或村康复中心

    d.家里　　　　　　　　　　　　　e.训练基地

23. 如果您没有进行各项康复治疗，主要原因是（　　）

    a.缺少康复治疗的费用

    b.认为康复治疗没用，拒绝参加

    c.康复治疗的过程太苦、太枯燥了

    d.没有必要进行康复了

    e.其他

24. 如果您进行过康复治疗，主要包括（　　）康复手段（可多选）

    a.医疗康复　　　　　　　　　　　b.心理康复

    c.教育康复　　　　　　　　　　　d.职业康复

    e.社区康复　　　　　　　　　　　f.社会康复

    g.以上都选

25. 如果您进行过康复治疗，您对康复的器械、场地的满意度如何（　　）

    a.一点都不满意　　　　　　　　　b.不满意

    c.一般　　　　　　　　　　　　　d.比较满意

    e.非常满意

26. 如果您进行过康复治疗，您觉得对您的身体康复是否有效（　　）

    a.非常有效

    b.没什么作用，只是让自己心里更平衡一点

    c.一点用都没有，完全在浪费时间和金钱

27. 参训后，您对周围的城市道路、公共建筑和居住区的规划、设计、建设的

满意度如何（　　）

    a.一点都不满意　　　　　　　　b.不满意

    c.一般　　　　　　　　　　　　d.比较满意

    e.非常满意

28. 您对身边的信息交流等无障碍建设的满意度如何（　　）

    a.一点都不满意　　　　　　　　b.不满意

    c.一般　　　　　　　　　　　　d.比较满意

    e.非常满意

29. 您对使用网络的无障碍建设的满意度如何（　　）

    a.一点都不满意　　　　　　　　b.不满意

    c.一般　　　　　　　　　　　　d.比较满意

    e.非常满意

30. 您对训练硬件条件的满意度如何（　　）

    a.一点都不满意　　　　　　　　b.不满意

    c.一般　　　　　　　　　　　　d.比较满意

    e.非常满意

31. 训练时，是否有专业科研人员辅助训练（　　）

    a.是　　　　　　　　　　　　　b.否

32. 训练时，如果有专业科研人员辅助训练，您对辅助的满意度如何（　　）

    a.一点都不满意　　　　　　　　b.不满意

    c.一般　　　　　　　　　　　　d.比较满意

    e.非常满意

33. 训练时，如果没有专业科研人员辅助训练，您认为主要的原因是（　　）

    a.根本没这个必要　　　　　　　b.领导不重视

    c.没有足够的资金　　　　　　　d.其他

34. 您对教练的满意度如何（　　）

    a.一点都不满意　　　　　　　　b.不满意

c.一般　　　　　　　　　　　　d.比较满意

e.非常满意

35. 您的教练是（　　）

a.健全人　　　　　　　　　　　b.残疾人

36. 您的教练是否固定（　　）

a.固定的　　　　　　　　　　　b.经常更换

37. 如果教练经常更换，是否征求过您的意见（　　）

a.是　　　　　　　　　　　　　b.否

38. 您希望有外教执教吗（　　）

a.希望　　　　　b.无所谓　　　　　c.不希望

39. 训练之余，您都做什么（　　）

a.上网、看电视等娱乐活动　　　b.自己进行一些康复性训练

c.通过各种途径学习一些知识　　d.睡觉

e.其他

40. 您是否经常参加国际大赛（　　）

a.是　　　　　　　　　　　　　b.否

41. 如果您很少参加国际大赛，您认为主要原因是（　　）（可多选）

a.受重视程度不够，不给我们创造机会

b.没有足够的资金支持

c.缺乏参加国际大赛的意识

d.水平相差太多，因此没有必要参加

e.其他

42. 您是否经常参加国内大赛（　　）

a.是　　　　　　　　　　　　　b.否

43. 如果您很少参加国内大赛，您认为主要原因是（　　）（可多选）

a.国内比赛少

b.没有足够的资金支持

c.缺乏参加国内大赛的意识

d.水平相差太多，因此没有必要参加

e.其他

44. 比赛中，您对裁判员执裁水平的满意度如何（   ）

 a.一点都不满意   b.不满意

 c.一般   d.比较满意

 e.非常满意

45. 您所在的队伍是否有诸如队医等专业的医疗人员（   ）

 a.是   b.否

46. 如果有，队医对队伍训练水平的提高是否有帮助（   ）

 a.是   b.否

47. 如果有，您对队医的医治水平的满意度如何（   ）

 a.一点都不满意   b.不满意

 c.一般   d.比较满意

 e.非常满意

48.如果您有伤病，是否进行过专业的治疗（   ）

 a.是   b.否

49. 如果您没有进行过专业治疗，主要原因是（   ）

 a.自己有伤不敢说，因此得不到救治

 b.教练认为没有必要进行专业治疗

 c.没有条件进行专业治疗

 d.受重视程度不够

 e.其他

50. 您对目前的运动员分级的满意度如何（   ）

 a.一点都不满意   b.不满意

 c.一般   d.比较满意

 e.非常满意

51. 您是否接受媒体的采访（　　）

    a.是   b.否

52. 您希望媒体对（　　）方面予以更大的关注

    a.训练和比赛   b.残疾人体育

    c.残疾人运动员社会保障   d.其他

53. 您对媒体的采访效果的满意度如何（　　）

    a.一点都不满意   b.不满意

    c.一般   d.比较满意

    e.非常满意

第四部分：退役

1. 您是否有退役的想法（　　）

    a.是   b.否

2. 如果您想过退役，是什么原因导致您有这种想法（　　）

    a.没有拿到什么成绩，再练下去也没什么意思

    b.伤病的困扰

    c.年龄大了，不适和再练下去了

    d.已经实现了自己的目标，急流勇退

    e.其他

3. 退役后，您认为通过参加运动训练使（　　）动机得以实现

    a.满足了自己的爱好

    b.改善了自己的身心状况

    c.证明了自身价值

    d.成为众人学习的榜样

    e.改变了自己的命运

4. 如果您不打算退役，您继续留下来的原因是（　　）

    a.没有实现自己的目标，想继续奋斗

b.回家也不知道干什么，还不如继续练下去

c.继续为中国残疾人体育的发展作贡献

d.教练和领导的劝说，他们认为我应该继续练下去

e.其他

附录2　教练员调查问卷

您好！感谢您在百忙之中填写我的问卷！

我是北京体育大学2007级博士生陆贝。2008年北京残奥会已经落幕一年，但是残奥健儿在赛场顽强拼搏的精神仍深深地感动着我，影响着我，也引起了我对残疾人体育的关注，尤其是对那些在赛场上创造骄人战绩的运动员们的成长历程产生了浓厚的兴趣。因此，本问卷希望能从各方面了解运动员的成长历程，剖析影响残疾人运动员成长的诸多社会因素，以引起社会各界的重视。

本问卷只用于科研，不会对您造成任何不便，请放心填写。在问卷填写过程中，如果您有任何问题请向问卷发放员询问！感谢您的支持与合作！

1. 年龄：　　　　　　（周岁）

2. 您的性别（　　）

　　a.男　　　　　　b.女

3. 您的学历（　　）

　　a.小学（毕业或肄业）　　　　　　b.初中（毕业或肄业）

　　c.高中或中专（毕业或肄业）　　　　d.大学及以上（毕业或肄业）

4. 您是否是残疾人（　　）

　　a.是　　　　　　　　　　　　　　b.否

5. 您担任教练的年限（　　）

　　a.1~3年　　　　　　　　　　　　b.4~6年

　　c.7~9年　　　　　　　　　　　　d.10年以上

6. 您执教残疾人运动员的年限（　　）

   a.1~3年　　　　　　　　　　b.4~6年

   c.7~9年　　　　　　　　　　d.10年以上

7. 您是全职还是兼职教练（　　　）

   a.全职　　　　　　　　　　b.兼职

8. 聘请您的队伍是（　　　）

   a.国家队　　　　　　b.省队　　　　　　c.市队

9. 您是怎样成为残疾人体育教练的（　　　）

   a.层层选拔、考核、竞争上岗

   b.上级领导部门根据需要委派

   c.对残疾人体育的热爱，故毛遂自荐

   d.残联挑选

   e.同事推荐

   f.残疾人运动员退役转做教练

10. 作为残疾人体育的教练，您来自（　　　）

   a.省市体育局教练员　　　　　b.高校体育院系教师

   c.退休教练员　　　　　　　　d.体校教练员

   e.特殊学校教师　　　　　　　f.退役运动员

   g.体育院校毕业生　　　　　　h.退役残疾人运动员

   I.其他

11. 您担任残疾人体育教练的动机是：

   a.非常同意　　　　　　　　b.比较同意

   c.一般　　　　　　　　　　d.比较不同意

   e.非常不同意

   （1）发展中国残疾人体育（　　　）

   （2）没什么动机，领导安排就去了（　　　）

   （3）退休了，希望能发挥余热且残疾人体育正好缺教练（　　　）

（4）残疾人运动员顽强拼搏的精神感动了我，希望能为他们做点什么（　　）

（5）找到一份工作而已（　　）

12. 您对目前残疾人体育教练员的待遇是否满意（　　）

　　a.是　　　　　　　　　　　　b.否

13. 您对残疾人参加体育竞赛所持的态度（　　）

　　a.支持　　　　　　b.无所谓　　　　　　c.反对

14. 您认为有无必要参加与执教有关的培训（　　）

　　a.非常必要　　　　　b.必要　　　　　　c.不必要

15. 您参加与执教有关的培训的次数是（　　）

　　a.0次　　　　　　　b.1~2次　　　　　c.3~4次

　　d.5~6次　　　　　　e.7次以上

16. 如果您参加过培训，您对培训效果的满意度（　　）

　　a.一点都不满意　　b.不满意　　　　c.一般

　　d.比较满意　　　　e.非常满意

17. 您是否固定担任一个残疾人体育项目的教练（　　）

　　a.是　　　　　　　　　　　　b.否

18. 如果您不是固定地担任一个项目的教练，主要原因是（　　）

　　a.待遇太低　　　　　　　　　b.服从上级领导的安排

　　c.缺乏运动员　　　　　　　　d.训练条件无法满足项目的发展

　　e.寻找有更好发展前途的项目　　f.其他

19. 您是否认为有必要聘请国外教练来中国执教（　　）

　　a.是　　　　　　　　　　　　b.否

20. 如果有必要聘请外教，您认为现在存在的困难主要是（　　）

　　a.资金不足　　　　　　　　　b.关注度不够

　　c.没有合适的人员　　　　　　d.缺乏机制保障

　　e.其他

21. 您是通过（　　）途经选拔运动员

a.由各地区残联推荐，统一组织选拔

b.由别人推荐，认为适合就接受他参加进来

c.自己亲自去基层挑选

d.通过一些比赛挑选出名列前茅的运动员

e.其他

22. 残疾人体育训练是否有科研队伍辅助（　　　）

　　a.是　　　　　　　　　　　　　b.否

23. 您认为残疾人体育是否有必要有专门的科研队伍辅助（　　　）

　　a.非常必要　　　　　　b.必要　　　　　　c.不必要

24. 您所在的队伍是否有诸如队医等专业的医疗人员（　　　）

　　a.是　　　　　　　　　　　　　b.否

25. 如果有，队医对队伍训练水平的提高是否有帮助（　　　）

　　a.是　　　　　　　　　　　　　b.否

26. 您对全年赛事安排的满意度如何（　　　）

　　a.一点都不满意　　　　　　　b.不满意

　　c.一般　　　　　　　　　　　d.比较满意

　　e.非常满意

27. 如果您对全年的赛事安排不满意，主要是因为（　　　）

　　a.赛事太少，达不到锻炼队伍的目的

　　b.赛事水平差，缺乏竞技性

　　c.由于经费原因，参赛队伍太少

　　d.参加的国际大赛太少

　　e.其他

28. 您对目前的运动员分级的满意度如何（　　　）

　　a.一点都不满意　　　　　　　b.不满意

　　c.一般　　　　　　　　　　　d.比较满意

　　e.非常满意

29. 您对残疾人比赛中裁判员执裁水平的满意度如何（　　）

　　a.一点都不满意　　　　　　　　b.不满意

　　c.一般　　　　　　　　　　　　d.比较满意

　　e.非常满意

30. 您对目前中国残疾人体育教练员队伍的满意度如何（　　）

　　a.一点都不满意　　　　　　　　b.不满意

　　c.一般　　　　　　　　　　　　d.比较满意

　　e.非常满意

31. 您希望媒体对（　　）方面予以更大的关注

　　a.训练和比赛　　　　　　　　　b.残疾人体育

　　c.残疾人社会保障　　　　　　　d.其他

32. 您对媒体的采访效果的满意度如何（　　）

　　a.一点都不满意　　　　　　　　b.不满意

　　c.一般　　　　　　　　　　　　d.比较满意

　　e.非常满意

33. 您认为残疾人体育运动中是否有异化现象（　　）

　　a.是　　　　　　　　　　　　　b.否

34. 如果有，您认为异化现象对残疾人体育的危害是（　　）（可多选）

　　a.导致运动员分级不公　　　　　b.导致运动员身份作假

　　c.导致运动员保障分配不公　　　d.引起伦理的沦陷

　　e.不利于运动员道德修养的培养　　f.导致残疾人体育的不和谐发展

　　g.其他

附录3　运动员访谈提纲

一、我国残奥奖牌运动员参与残奥运动前的状况

1. 请问是什么事故导致您身体出现障碍的？

2. 在得知您的不幸之后，你的家人、朋友和社会上其他人员都持有一种什么态度？

3. 在您遭遇不幸之后，又是什么样的力量让您重新振作起来的？

4. 在您遭遇不幸之后，主要的生活来源是什么？

5. 在您遭遇不幸之后，在就业方面有没有获得政府或社会的支持？如有，主要是哪些方面的支持？

6. 请问您的最后学历是什么？在您遭遇不幸之后，政府有没有在教育方面提供一些帮助？如进行职业培训等。

7. 请问您有没有进行康复性的训练？如有，主要包括哪些方面的训练？在什么地方训练以及训练的条件如何？有没有专门的人员指导并辅助您训练？

8. 请问您在参与残奥运动之前，有没有参加体育活动的经历？如有，您参加体育活动的主要动机是什么？是通过什么途径参加体育运动的？都参加了哪些体育活动？参加体育活动的情况如何？对您的身心有没有什么帮助？

9. 在参与残奥运动之前，在生活方面、经济方面、教育方面等，您面临的主要困难都有哪些？您认为国家和政府需要在哪些方面加强？

二、我国残奥奖牌运动员参与残奥运动过程中的状况

10. 请问您是什么时候开始系统训练的？

11. 您是怎样与自己从事的项目结缘的？

12. 您当时参加这个项目的主要动机是什么？

13. 您是通过什么途径参与残奥运动的？

14. 请问，目前我国备战残奥会的主要模式是什么？是如何进行选拔的？什么样的人具备什么样的资格才能参加残奥会？

15. 在备战残奥会的过程中，训练场馆、设备、吃穿住等方面都是由谁提供的？这些条件能否满足各方面的需要？

16. 政府有关部门有没有制定相关的法律法规来确保你们的利益？

17. 在参与残奥运动的过程中，由谁负责日常训练以及赛事的组织管理？主要的训练、组织管理模式和架构是怎样的？

18. 请问您是否经常参加国内外重大赛事？参加国内外重大赛事的费用由谁来支付？

19. 您认为媒体以及社会各界对残奥运动的关注度如何？您希望他们怎样做？

20. 请介绍一下您的教练的状况。您认为他们的执教水平如何？他们有没有通过定期的培训和深造来提高执教水平？

三、残奥会运动员获得奖牌后的变化

21. 获得残奥会冠军后，通常您都会获得什么奖励？这些奖励使您的生活有了怎样的变化？

22. 那些没有获得奖牌的运动员的境遇又怎样？

23. 从一名普通的残疾人到一位残奥会冠军，您经历了不同的阶段。您认为体育运动给您带来了哪些变化？目前国家和政府应在哪些方面加大力度来改善残疾人的境遇？中国残疾人体育事业要持续稳定发展，您认为主要存在的问题是什么？解决途径是什么？